# Induit en erreur

## Dieu somme-t-il son peuple d'abandonner l'Église catholique romaine?

### Kenneth March

Manuscrit en français corrigé et édité par
Marie Capelle

# Dédicace

Ce livre est dédié au plus d'un milliard de catholiques aux quatre coins du monde qui ont été trompés et désabusés par l'Église catholique romaine.

Dieu aspire à une relation personnelle avec chacun d'entre eux, mais ils ont été leurrés dans une relation vide avec une institution qui leur a enseigné beaucoup d'erreurs, des choses en conflit avec la Parole de Dieu telle qu'exprimée dans la Saint Bible.

# Préface

## Un mot pour les catholiques et anciens catholiques par Ken March

Ce livre a été rédigé pour les catholiques et ex-catholiques du monde entier qui ont été induits en erreur et désabusés par l'Église catholique romaine. On vous a enseigné beaucoup de choses que l'on vous a présentées comme étant des vérités spirituelles qui se trouvent être en conflit direct avec la Parole de Dieu telle qu'écrite dans la Sainte Bible.

Vous avez pris connaissance de choses qui vous ont amenées à vouloir vous distancier de l'Église. Des milliers de prêtres abusant sexuellement, violant et sodomisant des enfants sans défense qui avaient été confiés à leurs bons soins spirituels. Les dirigeants de l'Église gardant ces atroces violations loin des yeux du public grâce à une culture élaborée de secret, fraude et intimidation et transférant les prêtres coupables d'une paroisse à une autre. N'oublions pas non plus les fréquentes rumeurs d'homosexualité rampante, scandales financiers et intrigues jusque dans les plus hautes sphères de l'Église.

Que vous soyez un fidèle pieux ou que vous ayez arrêté d'aller à la messe tout en continuant à vous décrire comme catholique, j'espère que ce livre vous aidera à briser vos liens avec cette organisation connue sous le nom de *L'Église catholique romaine* et entamer une relation privilégiée avec le Dieu vivant qui se révèle à nous dans la Bible.

J'ai cherché à soutenir tout ce que j'ai exposé dans ce livre par des citations des Écritures. Certaines choses que vous lirez vous forceront peut-être à réévaluer vos croyances, ou au moins celles que vous pensiez pour acquises… qui vous ont sans doute été enseignées par des parents, nones ou prêtres bien intentionnés. Ce sera en fait une bonne chose puisqu'il est important de toujours comparer nos croyances avec la Parole de Dieu.

Sauf indication contraire, tous les versets des écritures sont tirés de la « New Living Translation » de la Bible (NLT). J'ai utilisé la NLT car elle est facile à interpréter, mais ce n'est pas la seule option. Procurez-vous votre propre Bible…peut-importe la version…et recherchez les versets que vous remettez en question.

Les Bibles catholiques et protestantes sont pratiquement les mêmes et contiennent les mêmes vérités, mais les Bibles catholiques inclues sept livres supplémentaires connus comme les livres Apocryphes que l'on ne retrouve pas dans les Bibles protestantes. Ces livres sont Tobias, Judith, 1 Maccabées, 2 Maccabées, la Sagesse de Salomon, Sirach et Baruch. Ils peuvent être trouvés entrecoupés d'autres livres de l'Ancien testament. Dans la section sur le Purgatoire (Chapitre 3) se trouve une explication de la raison pour laquelle les protestants ne reconnaissent pas ces livres comme ayant été inspirés par Dieu.

Ce livre traite de questions d'une importance immuable, alors n'acceptez pas aveuglément tout ce qui vous est présenté comme vérité. Vous devez prendre des décisions éclairées par vous-même.

*Induit en erreur – Dieu somme-t'il son peuple d'abandonner l'Église catholique romaine?*

KennethMarch@rocketmail.com

Corrigé et édité par Marie Capelle : mcapelle@mweb.co.za

Table des matières

# Chapitre 1

# Enseignements Non-Fondés sur les Écritures des Églises Protestantes et Catholiques

Posez la question « Êtes-vous chrétien ? » à un catholique et la réponse est généralement « Non, je suis catholique ».

De nos jours, les préceptes de l'Église catholique et des confessions chrétiennes protestantes les plus courantes sont identiques. Elles professent que Dieu a envoyé son seul et unique Fils, Jésus, pour être mis au monde par une vierge (Marie) afin de mener une vie sans péché, souffrir et mourir pour expier les péchés du monde. Dieu a posé ce geste pour dévoiler et professer son amour pour la race humaine. Il a agi ainsi puisque l'homme pécheur n'aurait jamais pu être à la hauteur de sa sainteté et Dieu seulement et le fils innocent de Dieu pouvait pleinement payer le prix des péchés de toute l'humanité. Grâce à son sacrifice, la vie éternelle est maintenant à notre portée si nous avons foi que ce qu'a fait Jésus pour nous nous a libérés de tous nos péchés et que nous l'acceptons comme le Seigneur et maître de nos vies. Vous pouvez donc vous considérer comme un catholique et un chrétien si vous croyez en tout cela.

Malheureusement, comme avec toutes les églises établies depuis longtemps (et l'Église catholique est la plus ancienne), certaines croyances sans fondement sur les écritures bibliques s'immiscent inévitablement. Une fois qu'une croyance particulière a été votée et acceptée comme vérité par une église, elle devient une doctrine de cette église et rien mis à part une apparition physique de Dieu lui-même dans toute sa gloire ne saurait convaincre quiconque de rouvrir le sujet.

Au fil des siècles, ces doctrines non-bibliques s'accumulent et éloignent l'église de plus en plus de la vérité de la Parole de Dieu, comme c'est le cas avec l'Église Catholique.

Presque chaque lecteur de ce livre y trouvera quelque chose qui remettra en question une ou plusieurs de ses croyances fondamentales. J'encourage le lecteur à faire de son mieux pour garder l'esprit ouvert. La majorité, si ce n'est la totalité des préceptes auxquels nous croyons ou avons crus, nous ont été enseignés par d'autres êtres humains et nombre d'entre eux ne sont pas fondés sur les Saintes Écritures. Si vous croyez comme moi que la Sainte Bible transmet la Parole de Dieu, vous devez donc baser vos croyances uniquement sur cette Parole et non sur les doctrines et interprétations humaines préconçues qui ne sont pas clairement fondées sur les Écritures. Nous devons toujours nous poser la question « *Est-ce que ce en quoi je crois provient uniquement de la Parole de Dieu et non aussi de l'homme?* ». Si ces dernières originent de l'homme, vous devriez vous en méfier et les identifier comme n'étant pas essentielles à votre foi chrétienne.

Ceux d'entre vous qui possèdent des connaissances théologiques importantes sont ceux qui pourraient être le plus dérangés par le contenu de ce livre. Ces individus peuvent avoir eu des professeurs érudits qu'ils respectaient énormément et qui leurs ont appris des choses qu'ils considéraient comme des vérités sans personnellement s'assurer de leur véracité et les comparer aux Écritures. Je n'affirme néanmoins pas que *mes* propres déductions théologiques soient correctes; les interprétations des disciples du Saint Esprit peuvent différer. Personne n'a en effet le monopole sur l'exégèse de la Parole de Dieu.

Sauf indication contraire, je me suis servi de la *New Living Translation* (NLT) pour citer les Écritures, celle-ci étant une version facile à comprendre.

## Doctrines de l'Église Protestante Non-Fondées

Les confessions protestantes ne sont pas exemptes d'une accumulation de croyances non soutenues par les Écritures.

Malheureusement, plusieurs personnes considèrent les différentes confessions protestantes comme des « religions » propres. Rien ne saurait être plus éloigné de la vérité. La plupart des confessions protestantes (Méthodiste, Luthérienne, Presbytérienne, Baptiste, l'Église Adventiste du Septième Jour, etc.) professent toutes les mêmes croyances de base chrétiennes que celles de l'Église catholique. Il s'agit d'Églises chrétiennes et leur religion est la Chrétienté.

Dans la plupart des cas, les différentes confessions se sont distanciées les unes des autres suite à des différences mineures au niveau des doctrines. Plutôt que de faire preuve du même esprit d'unité prêché par Jésus dans Jean 17, elles ont agi à l'opposé… une discorde décevante qui a induit en erreur la plupart de la planète sur le véritable message de la Chrétienté.

> *« Ce n'est pas pour eux seulement que je* (Jésus) *prie, mais encore pour ceux qui croiront en moi par leur parole, afin que tous soient un, comme toi, Père, tu es en moi, et comme je suis en toi, afin qu'eux aussi soient un en nous, pour que le monde croie que tu m'as envoyé. Je leur ai donné la gloire que tu m'as donnée, afin qu'ils soient un comme nous sommes un, -moi en eux, et toi en moi, -afin qu'ils soient parfaitement un, et que le monde sache que tu m'as envoyé et que tu les as aimés comme tu m'as aimé. » - Jean 17:20-23*

Il me semble que les domaines de différences doctrinales spécifiques à chaque confession qui les ont isolées des confessions principales constituent probablement leurs points théologiques les plus faibles. En voici quelques exemples :

Les Luthériens de Synod du Missouri insistent avec ferveur que le pain et le vin de la Sainte Communion sont le *véritable* corps et sang de Jésus et ne tolèrent pas la suggestion qu'ils pourraient n'être qu'une *représentation* du corps et du sang. Ils affirment que le véritable corps et sang est « à l'intérieur, avec et en-dessous » du pain et du vin, un concept assez nébuleux qu'il est aussi difficile de formuler que de prouver.

Les Adventistes du Septième Jour affirment que le samedi est la véritable journée du Sabbat et non le dimanche; ils ont techniquement peut-être raison. De plus, ils ne célèbrent pas Pâques et méprisent les membres qui ne sont pas végétariens.

Certains Baptistes croient que boire, danser, se maquiller et jouer aux cartes sont tous des péchés et des activités non-pieuses.

Les Pentecôtistes soulignent l'importance du don de parler en langues, au point que quiconque ne parlant pas en langues peut être suspecté de ne pas avoir le Saint-Esprit en lui.

Ainsi de suite, différentes factions chrétiennes se jugeant entre elles selon des critères secondaires qui ne sont pas fondamentaux au salut.

Satan est tellement malin ! Il a saisi le principe de « diviser pour régner » et, ma foi, il a bel bien réussi à diviser l'église de Dieu sur terre, souvent grâce à des différents inconséquents. Le message de salut de Dieu n'a pas été en mesure de rassembler la majorité du monde à cause de ces querelles insignifiantes entre confessions. Au lieu de reconnaître leurs frères comme des camarades à part entière du Corps du Christ, certains ne veulent même pas développer d'amitiés avec des croyants d'autres confessions craignant peut-être que leur doctrine si « pure » en soit contaminée par association.

Certaines confessions n'auraient même pas permis à feu le Révérend Dr. Billy Graham de s'adresser à leurs églises car il n'adhérait pas à toutes leurs croyances idiosyncratiques. Comme notre Seigneur est patient de supporter les absurdités puériles de ceux qu'il aime!

Je crois pourtant qu'une vague initiée par le Saint-Esprit se déplaçant partout dans le monde commence à rassembler différentes confessions chrétiennes ensemble. Imaginez l'ampleur de notre témoignage pour l'amour de Dieu si tous commençaient à travailler ensemble afin de transmettre le message de salut de Jésus Christ au monde entier.

## Doctrines de l'Église Catholique Non-Fondées

Tel que mentionné plus haut, les principes de base du salut par la grâce uniquement par le biais de leur foi en le sacrifice rédempteur de Jésus-Christ demeurent inchangés; néanmoins, la portée du nombre de doctrines non-Bibliques accumulées au cours de centaines d'années de l'Église catholique ont rendu l'Église catholique presque méconnaissable en tant qu'institution chrétienne croyant en la Bible.

### Marie, la Mère de Jésus, était Sans Péché

La doctrine de l'Immaculée Conception de l'Église catholique a été d'abord introduite par l'église en 1854. Cette doctrine prône que Marie a été créée sans péché originel. Autrement dit, elle a été innocente toute sa vie. Il semble pourtant que ce concept ne provienne pas de l'église primitive et soit apparu vers l'année 1100 J.-C. et ne soit pas soutenu par les Écritures.

### Marie Est Restée Vierge toute sa Vie

Cette affirmation est une autre doctrine de l'Église catholique difficile à justifier.

> *« N'est-ce pas le fils du charpentier? n'est-ce pas Marie qui est sa mère? Jacques, Joseph, Simon et Jude, ne sont-ils pas ses frères? et ses sœurs ne sont-elles pas toutes parmi nous? D'où lui viennent donc toutes ces choses? » – Mathieu 13:55-56*

## Les Croyants Devraient Diriger Leurs Prières aux Saints

Le Concile de Trente, tenu en trois instances de 1545 à 1563, a été le premier à clarifier la doctrine de l'Église catholique selon laquelle les saints du paradis prient pour les vivants, raison pour laquelle il est dit aux croyants que leurs prières ont plus de valeur si elles sont transmises à Dieu en leur nom par Marie ou d'autres saints. La Bible ne mentionne jamais que les saints (fidèles de Jésus-Christ morts avant nous) prient pour nous, ou même qu'ils peuvent nous voir ou même nous entendre.

## L'Assomption de Marie

En 1950, le Pape Pie XII a énoncé comme doctrine de l'Église catholique que, lors de la fin de la vie de Marie ici-bas, elle fut transportée âme et corps au royaume des cieux. Il ne fut pas précisé si elle y fut emmenée vivante ou morte. La majorité des théologiens catholiques présument qu'elle mourut d'abord.

## Le Pape est le Vicaire du Christ

Cette affirmation dicte que le Pape est le chef désigné par Dieu pour diriger l'Église chrétienne sur terre et que, lorsqu'il s'exprime en tant que le vicaire du Christ, il est infaillible et tous les Chrétiens doivent lui obéir. Quelques paroles de Jésus ont été adaptées et agrémentées afin d'appuyer cette doctrine de l'Église.

## Purgatoire

Proclamé par l'Église catholique comme étant un lieu de châtiment temporaire où les défunts se retrouvent pour expier des péchés mineurs, pardonnables, mais non repentis afin qu'ils puissent ensuite être autorisés à entrer au royaume d'un Dieu saint. Ces enseignements proviennent en majorité de l'un des livres de l'Apocryphe, lesquels ne sont pas acceptés comme étant inspirés de la Parole de Dieu par les fidèles non-catholiques.

Nous aborderons cela ainsi que d'autres doctrines de l'Église catholique romaine plus en détails un peu plus loin.

# Chapitre 2

# Si les Doctrines des Églises Catholique et Protestante sont inexactes, Pourquoi se Concentrer sur les Travers de l'Église Catholique?

Satan est à l'œuvre dans toutes nos églises, qu'elles soient catholiques ou protestantes. Nous avons déjà abordé comment il a été capable de confondre la majorité du monde afin qu'il croie que les diverses confessions chrétiennes étaient des religions différentes, laissant les gens se demander laquelle, s'il en est une, est la bonne.

Pourquoi donc ce livre se penche-t-il majoritairement sur les doctrines non-bibliques de l'Église catholique? D'abord et avant tout, parce que beaucoup de doctrines de l'Église catholique servent à détourner l'attention des paroissiens sur Jésus-Christ vers le glorieux dirigeant de l'église sur terre! <u>Quiconque ou quoique ce soit qui redirige nos éloges, nos louanges, notre vénération ou nos prières et les éloigne de Dieu vers quiconque ou quoique ce soit pèche et commet une grave offense à l'encontre de Dieu.</u>

Jésus est le Roi des Rois, le Seigneur des Seigneurs, l'Agneau de Dieu, la Lumière du Monde et le seul et unique Fils de Dieu. Son nom est au-dessus de chaque nom et tous les pouvoirs des cieux et de la terre lui ont été conférés.

*« Car un enfant nous est né, un fils nous est donné. Et la domination reposera sur son épaule; On l'appellera Admirable, Conseiller, Dieu puissant, Père éternel, Prince de la paix. » – Isaïe 9:6*

## À la Recherche de Jésus à la Basilique Saint-Pierre

J'ai eu l'opportunité de visiter la Basilique Saint-Pierre au Vatican, le plus grand bâtiment d'église au monde. Il s'agit d'une magnifique merveille d'architecture d'approximativement 240,000 pieds comportant 44 autels, 11 coupoles et 778 colonnes. En comparaison, le Walmart Supercentre moyen ne fait que 179,000 pieds carré et n'est en aucun cas aussi haut. L'une des coupoles s'élève à 448 pieds.

On y retrouve de sublimes marbres importés de toutes les couleurs provenant du monde entier, des tapisseries inestimables, de l'or, de l'argent et des pierres précieuses. En termes strictement monétaires, on estime qu'une réplique de la Basilique Saint-Pierre, mettant de côté les inestimables œuvres d'art de grands maîtres coûterait des milliards de dollars. L'une de ces œuvres est la Pietà de Michel-Ange; un impressionnant chef-d'œuvre fait de marbre blanc illustrant le corps sans vie de notre Seigneur se faisant bercer dans les bras de sa mère, Marie.

La Pietà

Il est possible de penser qu'il s'agit d'un hommage à un pape du 17ème siècle dans la Basilique Saint-Pierre. Les monuments en l'honneur de Jésus doivent donc être encore plus fabuleux.

Alors que je déambulais dans cette immense cathédrale qui renferme 395 statues rendant hommage à des papes, des rois et des saints, j'ai été frappé de constater, en présence de tant d'opulence et de somptuosité, l'absence presque totale de monuments à la gloire du Roi des Rois et du Seigneur des Seigneurs! Il y avait plusieurs illustrations de Jésus enfant dans les bras de Marie ainsi que quelques portraits de Jésus sur la croix, mais je n'ai pu trouver qu'une seule grande statue de Jésus. Il est assis, entouré par des statues de Saint-Paul, de Saint-Pierre et d'un pape. Alors que je me tenais devant, je me suis dit, « Le Fils de Dieu n'a même pas pu avoir une grande statue à lui-seul. Il doit la partager avec une bande d'hommes morts. » Oups! Je veux dire des « saint décédés ».

J'ai aussi vu une statue de Jésus située sur une colonnade à l'extérieur. Examinez avec attention, vous pouvez le trouver dans la photo ci-dessous sur le dessus de l'édifice, second à partir de la gauche, tenant une croix. Elle se trouve parmi 139 autres statues de saints décédés.

Il m'est difficile d'exprimer la profonde déception et rancœur que j'ai ressenti en quittant cet édifice magnifique sur lequel aucun effort n'a été fait pour rendre l'honneur et la gloire que Jésus-Christ, le Sauveur du Monde, mérite.

> *« C'est pourquoi aussi Dieu l'a souverainement élevé, et lui a donné le nom qui est au-dessus de tout nom, afin qu'au nom de Jésus tout genou fléchisse dans les cieux, sur la terre et sous la terre, et que toute langue confesse que Jésus-Christ est Seigneur, à la gloire de Dieu le Père. » – Philippiens 2:9-11*

En comparaison, on trouve ci-dessous la photo de la statue de 125 pieds de haut de *Christ le Rédempteur* qui règne sur la ville de Rio de Janeiro au Brésil. Les fonds nécessaires à sa construction ont été recueilli par la communauté catholique du Brésil. Bravo!

*« Le Fils est l'image du Dieu invisible, le premier-né de toute la création. ¹⁶ Car en lui ont été créées toutes les choses qui sont dans les cieux et sur la terre, les visibles et les invisibles, trônes, dignités, dominations, autorités. Tout a été créé par lui et pour lui. ¹⁷ Il est avant toutes choses, et toutes choses subsistent en lui. ¹⁸ Il est la tête du corps de l'Église; il est le commencement, le premier-né d'entre les morts, afin d'être en tout le premier. » - Colossiens 1:15-18*

## La Vénération de Marie

Un autel en l'honneur de Marie

Nous avons un ennemi qui cherche à nous détruire. Il est très réel et extrêmement rusé et trompeur. Satan travaille jour et nuit afin d'éloigner les gens de la relation personnelle et exclusive que Dieu souhaite avoir avec eux. Je crois qu'il a vu en Marie quelqu'un dont personne ne pourrait dire du mal et il a saisi cette opportunité. La Bible nous met en garde contre lui.

> *« Restez vigilants ! Surveillez votre ennemi, le diable. Il rôde tel un lion rugissant cherchant quelqu'un à dévoter. » – 1 Pierre 5:8*

*« Le voleur (Satan) vient pour voler, tuer et détruire; moi (Jésus), je suis venu pour leur donner une vie riche et satisfaisante. » - Jean 10:10*

Marie a été choisie par Dieu lui-même pour devenir la mère terrestre du Sauveur du Monde. L'ange Gabriel l'a dite bienheureuse, et elle l'était, choisie pour porter et aider à élever le Fils de Dieu qui a mis de côté sa divinité afin de prendre forme humaine.

*« L'ange lui dit: Ne crains point, Marie; car tu as trouvé grâce devant Dieu. Et voici, tu deviendras enceinte, et tu enfanteras un fils, et tu lui donneras le nom de Jésus. Il sera grand et sera appelé Fils du Très Haut, et le Seigneur Dieu lui donnera le trône de David, son père. Il règnera sur la maison de Jacob éternellement, et son règne n'aura point de fin. » – Luc 1:30-33*

J'ai entendu un jour quelque chose qui m'a plu … que Dieu a probablement choisi Marie pour ce plus grand des honneurs « parce qu'elle était dispose ». Combien d'adolescentes seraient disposées à injustement endurer les rumeurs, les ricanements et les accusations de leur famille, amis et voisins? Marie était même disposée à faire face à la peine de mort dans une société qui ne tolérait pas du tout une mère adolescente enceinte. À son mérite éternel, sa réponse à l'ange fut…

*« Marie dit: Je suis la servante du Seigneur; qu'il me soit fait selon ta parole. » – Luc 1:38*

27

Marie devait aussi posséder d'autres merveilleuses qualités personnelles pour lesquelles Dieu l'a élue pour élever son seul et unique Fils. Soyons néanmoins clairs. Marie n'est pas la mère de Dieu ! Dieu existe depuis toujours; Marie était un être humain. Dans un verset professant la naissance de Jésus, nous pouvons lire…

> *« Et toi, Bethléhem Ephrata, Petite entre les milliers de Juda, de toi sortira pour moi Celui qui dominera sur Israël, Et dont l'origine remonte aux temps anciens, Aux jours de l'éternité. » – Michée 5:2*

Même Jésus fut confronté à des gens désireux de vénérer sa mère. Il a ainsi réorienté l'attention d'une femme vers celui qui devrait en bénéficier, Dieu.

> *« Tandis que Jésus parlait ainsi, une femme, élevant la voix du milieu de la foule, lui dit: Heureux le sein qui t'a porté ! heureuses les mamelles qui t'ont allaité ! [28] Et il répondit: Heureux plutôt ceux qui écoutent la parole de Dieu, et qui la gardent ! » – Luc 11:27-28*

Je veux cependant préciser que je n'ai rien de mal à dire à propos de Marie. Nous savons tous comment les fils peuvent être protectif de leurs mères et je ne voudrais certainement me faire prendre en grippe par Jésus (façon de parler).

Un autre autel en l'honneur de Marie

# La Vénération des Saints

La Bible utilise le terme « saint » pour désigner toute personne ayant reconnu Jésus comme son Seigneur et Sauveur et ainsi en chemin vers le paradis, ou une personne y étant déjà entré.

La définition de « saints » de l'Église catholique est complètement différente. Elle utilise ce terme pour parler des personnes qu'elle a désignées comme « saintes ». Les critères de la sainteté tels qu'établis par l'Église catholique sont stricts. L'un de ces critères est que cette personne doit avoir accompli trois véritables miracles. Je m'arrête tout de suite !

Je crois que chaque miracle vérifiable a été l'œuvre unique de la puissance de Dieu, généralement en invoquant le nom de Jésus-Christ. Tout comme moi, d'autres chrétiens ont imposé leurs mains sur les malades en priant au nom de Jésus, mais je n'ai jamais guéri personne! Comme je ne crois qu'aucun autre être humain ne l'a fait.

Dans le Livre des Actes, le chapitre 3 parle d'un miracle impliquant Saint-Pierre. Les gens ont immédiatement présumé que Pierre l'avait accompli, mais il a peu de temps après expliqué que Dieu était l'auteur de ce miracle et non lui.

*"Alors Pierre lui dit: Je n'ai ni argent, ni or ; mais ce que j'ai, je te le donne : au nom de Jésus-Christ de Nazareth, lève-toi et marche. Et le prenant par la main droite, il le fit lever. Au même instant, ses pieds et ses*

*chevilles devinrent fermes; d'un saut il fut debout, et il se mit à marcher. Il entra avec eux dans le temple, marchant, sautant, et louant Dieu. » – Actes 3:6-8*

Les dires de Pierre affirmaient sa totale confiance en la volonté de Dieu de guérir au nom de Jésus. Ce fut Dieu qui fit la guérison et non Pierre. Comme Pierre le dit…

*« Tout le monde le vit marchant et louant Dieu. Ils reconnaissaient que c'était celui qui était assis à la Belle porte du temple pour demander l'aumône, et ils furent remplis d'étonnement et de surprise au sujet de ce qui lui était arrivé. Comme il ne quittait pas Pierre et Jean, tout le peuple étonné accourut vers eux, au portique dit de Salomon. Pierre, voyant cela, dit au peuple : Hommes Israélites, pourquoi vous étonnez-vous de cela? Pourquoi avez-vous les regards fixés sur nous, comme si c'était par notre propre puissance ou par notre piété que nous avons fait marcher cet homme? Le Dieu d'Abraham, d'Isaac et de Jacob, le Dieu de nos pères, a glorifié son serviteur Jésus, que vous avez livré et renié devant Pilate, qui était d'avis qu'on le relâche. » - Actes 3:9-13*

<u>Dieu fait des miracles ; les gens non ;</u> et cela inclut les personnes que l'Église catholique a désignées comme « saintes ».

Nous pouvons invoquer Paul de la Bible de Saint-Paul car il a livré un combat exemplaire et qu'il a ensuite rejoint notre Seigneur, croyant au salut gagné pour lui par Jésus grâce à sa mort sur la croix. Pas parce que l'Église catholique l'a officiellement décrété comme « saint ».

Comme mentionné plus haut, les doctrines de l'Église catholique affirment que les saints du paradis prient pour les vivants et disent aux croyants que leurs prières ont une plus grande valeur si elles sont présentées à Dieu par Marie ou d'autres saints intercédant en leur faveur.

J'aurais aimé être une mouche sur le mur la première fois que la suggestion que les gens devraient prier les saints morts a été faite ! Je me demande quelles réactions a d'abord suscitées cette proposition.

Rien dans la Bible ne stipule que les morts peuvent voir ou entendre ce qui se passe ici sur terre. Il n'y a donc certainement rien qui nous suggère de leurs diriger nos prières et plusieurs Écrits mentionnent clairement que nous le ne devrions pas.

Il n'y a pas d'autre manière de le dire… une église qui détourne les cœurs et les esprits de Dieu vers quiconque ou quoique ce soit autre que Dieu promeut *l'idolâtrie.* C'est une violation flagrante du premier commandement.

> « *Tu n'auras pas d'autres dieux devant moi.* <u>*Tu ne te feras pas de sculpture sacrée ni de représentation de ce qui est en haut dans le ciel, en bas sur la terre et dans l'eau plus bas que la terre. Tu ne te prosterneras pas devant elles et tu ne les serviras pas*</u>*, car moi, le*

*SEIGNEUR ton Dieu, je suis un Dieu jaloux qui ne tolèrera pas ton affection pour tout autre dieu. » – Exode 20:3-5*

Dieu nous indique souvent dans les Écritures qu'il est un Dieu jaloux.

> « *Puisque vous n'avez vu aucune figure le jour où l'Éternel vous parla du milieu du feu, à Horeb, veillez attentivement sur vos âmes, [16] de peur que vous ne vous corrompiez et que vous ne vous fassiez une image taillée, une représentation de quelque idole, la figure d'un homme ou d'une femme, [17] la figure d'un animal qui soit sur la terre, la figure d'un oiseau qui vole dans les cieux, [18] la figure d'une bête qui rampe sur le sol, la figure d'un poisson qui vive dans les eaux au-dessous de la terre. [19] Veille sur ton âme, de peur que, levant tes yeux vers le ciel, et voyant le soleil, la lune et les étoiles, toute l'armée des cieux, tu ne sois entraîné à te prosterner en leur présence et à leur rendre un culte: ce sont des choses que l'Éternel, ton Dieu, a données en partage à tous les peuples, sous le ciel tout entier.* » – Deutéronome 4:15-19*

En dépit des maints avertissements de Dieu, la pratique de l'idolâtrie par les israélites s'est conclue par la destruction de leur nation et la division du people juif en différentes nations persécutées sans merci durant plusieurs siècles, tout comme Dieu les en avait avertis. Historiquement connue comme la Diaspora, laquelle a débutée en 70 avant J.-C. lorsque les Romains ont commencé à chasser les juifs de leurs terres natales sur lesquelles ils avaient vécus durant des millénaires. Ce ne fut qu'en 1948 que les juifs retournèrent en Israël. Dieu leur avait promis de les ramener un jour à la terre qu'il leur avait donnée.

À qui *vos* prières rendent-elles hommage? Au Créateur ou aux créés?

**Notre Médiateur, notre Défenseur, c'est Jésus et seulement Jésus !** C'est n'est pas Marie, pas un prêtre, pas un « saint » ni le Pape. Jésus nous a dit que nous devions adresser nos prières à *Dieu le Père,* en son nom.

> « *Mais quand tu pries, entre dans ta chambre, ferme ta porte, et prie ton Père qui est là dans le lieu secret ; et ton Père, qui voit dans le secret, te le rendra.* » – *Matthieu 6:6*

Il semble y avoir confusion sur ce point. Si vous examinez tous les versets des Écritures sur le sujet, vous découvrirez tout comme moi que l'on nous a toujours instruit d'adresser nos prières à Jésus ou au Saint-Esprit. Néanmoins, puisque la Bible n'en dit rien, je crois qu'il est correct de prier Jésus et le Saint-Esprit étant donné que, après tout, ils font partie de la Sainte Trinité et ne font donc qu'un avec Dieu notre Père. Mais nous ne devons prier personne d'autre que Dieu !

Jésus a dit...

> « *En ce jour-là, vous ne m'interrogerez plus sur rien. En vérité, en vérité, je vous le dis, <u>ce que vous demanderez au Père, il vous le donnera en mon nom</u>. Jusqu'à présent vous n'avez rien demandé en mon nom. Demandez, et vous recevrez, afin que votre joie soit parfaite. Je vous ai dit ces choses en paraboles. L'heure vient où je ne vous parlerai plus en*

*paraboles, mais où je vous parlerai ouvertement du Père. En ce jour, vous demanderez en mon nom, et je ne vous dis pas que je prierai le Père pour vous; car le Père lui-même vous aime, parce que vous m'avez aimé, et que vous avez cru que je suis sorti de Dieu.* » – Jean 16:23-27

« *Le diable le transporta encore sur une montagne très élevée, lui montra tous les royaumes du monde et leur gloire, ⁹ et lui dit: Je te donnerai toutes ces choses, si tu te prosternes et m'adores. ¹⁰ Jésus lui dit: Retire-toi, Satan! Car il est écrit: <u>Tu adoreras le Seigneur, ton Dieu, et tu le serviras lui seul.</u>* » – Matthieu 4:8-10

St. Francis of Assisi      St. Dominic      St. Elijah

*Induit en erreur – Dieu somme-t'il son peuple d'abandonner l'Église catholique romaine?*

St. Peter Fourier

St. Peter of Alcantara

St. Camillus de Lellis

St. Lucy Fillipini

St. Louis de Montfort

St. Anthony Zaccaria

St. Ignatius Loyola

St. Francis of Paola

St. John Bosco

*Induit en erreur – Dieu somme-t'il son peuple d'abandonner l'Église catholique romaine?*

St John de la Salle

St John Eudes

St Madeleine Barat

St Philip Neri

St Vincent de Paul

St Teresa of Jesus

St William

St Angela Merici

St Paul of the Cross

*Induit en erreur – Dieu somme-t'il son peuple d'abandonner l'Église catholique romaine?*

St. Jerome Emiliani

St. Cajetan Thiene

St. John of God

St. Peter Nolasco

St. Frances of Rome

St. Alphonsus of Liguori

St Francis Caracciolo

St. Francis de Sales

St Benedict

39

*Induit en erreur – Dieu somme-t'il son peuple d'abandonner l'Église catholique romaine?*

St. Bonfilius Monaldi

St Norbert

St Juliana Falconieri

St Bruno

St. Joseph Calasanctius

St Joan Thouret

St. Frances Cabrini

St. Mary Pellettier

St Louis Marillac

## La Vénération de Lieux et de Choses

Une relique, comme un morceau de la croix sur laquelle Jésus a été crucifié, n'a aucune valeur spirituelle ou pouvoir quelconque. Honorer une telle relique en l'embrassant humblement tout en nourrissant l'idée qu'elle recèle d'une certaine façon le pouvoir de vous bénir déshonore Dieu qui est la source de toutes les grâces.

J'ai été témoin de catholiques embrassant des reliques, s'agenouillant et se signant devant des statues, allumant rituellement des chandelles, s'agenouillant devant le Pape et embrassant son anneau, frottant superstitieusement les pieds de la statue de l'Apôtre Pierre, et embrassant même les marches et la porte d'un lieu qu'ils considèrent « saint ». Ces marques d'affection mal dirigées offensent certainement notre Dieu. Comment quiconque peut-il plaider son ignorance quand la Parole de Dieu est si claire à ce sujet?

Il a été dit que nous avions tous été créés avec un trou de la taille de Dieu dans nos cœurs qui peut seulement être rempli par lui. Je crois en cela, mais pas littéralement bien entendu. Dieu veut remplir ce vide ; il ne souhaite pas que nous essayions de le remplir en vénérant des personnes, des lieux et des choses, tout comme il n'est pas d'accord avec les dirigeants d'églises qui amènent les gens à se concentrer sur ces choses plutôt que sur lui.

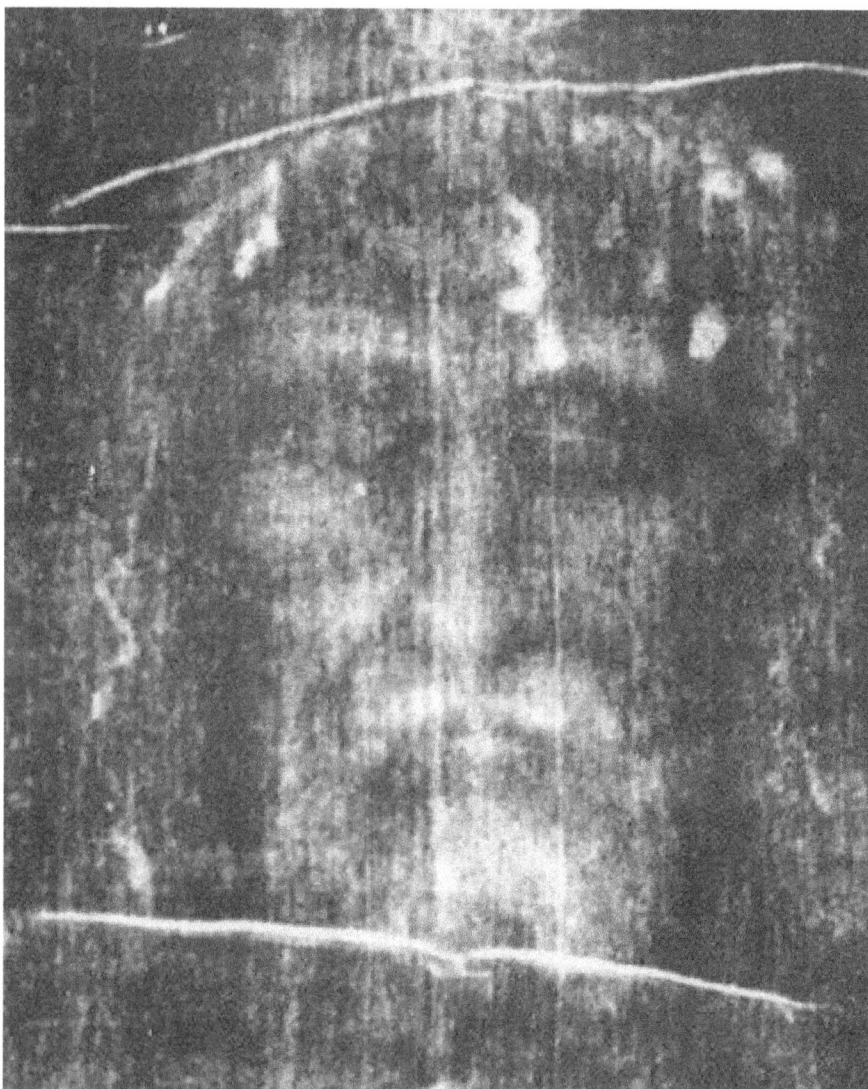

Le suaire de Turin

42

*Induit en erreur – Dieu somme-t'il son peuple d'abandonner l'Église catholique romaine?*

Personnes frottant les pieds de la statue de St-Pierre par superstition

# Chapitre 3

# Tromperie des Fidèles de l'Église

## La Suprématie de l'Église

Environ 1.2 milliards de précieuses âmes s'identifient comme catholiques. Certains sont des fidèles qui continuent de diligemment chercher Dieu au sein de l'Église catholique.

Ensuite, il y a ceux qui ont peut-être déjà fréquenté une école catholique et/ou sont un jour allés à la messe mais ont cessé d'y aller parce que l'Église catholique ne leur semblait pas avoir de pertinence dans leur vie quotidienne.

Bien évidemment, nombreuses parmi ces 1,2 milliards de personnes sont celles qui n'ont jamais régulièrement assisté à la messe, ne se confessent ni ne prient et lisent rarement la Bible. Le catholicisme était peut-être la religion de leurs mères et leurs pères, même pendant des générations, mais ils ne sont pas catholiques pratiquants.

Partout dans le monde, le pourcentage des personnes qui se rendent à la messe, même dans des pays à majorité catholique, tombe en flèche.

L'objectif premier de l'Église catholique est et a toujours été d'attirer les gens dans une relation avec *l'Église,* et non dans une relation personnelle avec Dieu. Pendant des siècles, l'Église catholique s'est empêtrée dans les pièges de l'autorité et du pouvoir, lesquels ont maintenus la populace dans un état d'émerveillement et dans l'acceptation que l'autorité de l'Église lui a été conférée par Dieu.

Nous sommes naturellement intimidés par les démonstrations de pouvoir et d'autorité

L'une des tactiques qui permet à l'Église catholique de maintenir une aura de légitimité est de garder les gens intellectuellement et spirituellement sous son joug. Il existe un lexique catholique contenant plus de *deux mille* termes se rattachant directement ou indirectement au catholicisme, au culte, à la morale, à l'histoire, à la loi canonique et à la spiritualité. Si vous êtes catholique, vous pouvez vous demander « Si je ne comprends pas le vocabulaire utilisé par l'Église, qui suis-je pour remettre en question les actions, les directives et annonces des prêtres, évêques, archevêques, cardinaux et le pape lui-même? »

« Ces hommes portent des soutanes dispendieuses, des étoles, des croix et des chapeaux pointus. Ils transportent des bâtons dorés avec des croix sur le dessus. Ils sont certainement bien mieux renseignés que moi sur les questions spirituelles. »

Les messes étaient traditionnellement dites en latin, donc les laïcs (non-religieux) n'avaient qu'une idée limitée de ce qui y était dit. C'était tout pour le moins mystérieux et aux allures spirituelles. Ce n'est que le 29 novembre 1964 que la première messe en anglais fut célébrée aux États-Unis…agrémentée d'un peu de latin. Pour vous aider à vous situer, cet évènement coïncide avec l'invasion des États-Unis par les Beatles (Les Fab Four de l'Angleterre, pas une plaie biblique d'insectes).

En ce qui concerne la lecture de la Bible, l'Église catholique n'a jamais encouragé les catholiques à la lire et à étudier la Parole de Dieu. En fait, je crois qu'il est correct d'affirmer que le clergé catholique est plus versé à parler des doctrines, annoncements et positions de l'Église catholique qu'ils ne l'est à discuter des Écrits Bibliques.

Donc, si vous êtes parmi ceux qui lisent la Bible et savez ce qu'elle dit vraiment, vous êtes probablement mieux place pour savoir qui est Dieu et connaitre sa nature que ces hommes engoncés dans des soutanes dispendieuses, affublés de chapeaux pointus et portant des bâtons dorés.

Durant des siècles, les dirigeants de l'Église de l'époque étaient soit mal informés sur les enseignements de la Bible, soit avaient compris que personne ne lirait la Bible puisqu'elle était uniquement rédigée en latin et qu'il n'était pas prévu de la traduire dans une langue parlée par le peuple. D'ailleurs, l'impression n'avait pas encore été inventée, donc personne ne pouvait se rendre à sa librairie locale et acheter une copie de la Bible. Cela aurait en outre créé toutes sortes de problèmes. Cela aurait ouvert la porte aux fidèles, et les aurait poussés à questionner les choses que l'Église leurs inculquait.

La Parole de Dieu encourage notre étude personnelle des Écritures. C'est selon sa Parole que la foi grandit ; la Bible dit que la foi nous vient en entendant (et en lisant) la Parole de Dieu. C'est grâce à ces Écrits que le Saint-Esprit nous communique la Volonté de Dieu et ses pensées et qu'il imprègne nos cœurs et dirige notre vie. Ce processus est connu comme la sanctification. Dieu nous bénit à travers sa Parole puisque, lorsque nous commençons à aligner nos vies et nos pensées à lui, il est alors libre de laisser pleuvoir ses bénédictions sur nous.

> « *Toute Écriture est inspirée de Dieu, et utile pour enseigner, pour convaincre, pour corriger, pour instruire dans la justice, afin que l'homme de Dieu soit accompli et propre à toute bonne œuvre.* » – *2 Timothée 3:16-17*

> « *Car la parole de Dieu est vivante et efficace, plus tranchante qu'une épée quelconque à deux tranchants, pénétrante jusqu'à partager âme et esprit, jointures et*

*moelles ; elle juge les sentiments et les pensées du cœur. » – Hébreux 4:12*

Le Dieu vivant recherche la relation personnelle qu'il souhaite avoir avec nous depuis le début. Il veut que nous nous renseignons sur lui en nous basant sur sa Parole, la Bible, et que nous lui parlions avec nos prières. Il veut que nous nous rendions à son trône, tel l'enfant qui approche son père aimant, et que nous lui présentions nos requêtes.

Dans son livre *Jesus Called – He Wants His Church Back*, l'auteur à succès et pasteur, le Révérend Ray Johnston explique,

*« ...la chose la plus surprenante que Jésus ait dite est Son étonnante invitation en trois mots **à tous** les gens de toutes les ères, 'Venez à moi' (Matthieu 11:28). Notez qu'il n'a pas dit : 'Venez à la religion', 'Venez aux rituels et aux règlements,' 'Venez au catéchisme', 'Venez à la confirmation,' 'Venez à la messe'. Toutes ces choses sont peut-être belles et bonnes, mais elles **ne sont pas** les principales. L'élément le plus important est : 'Venez à moi.' L'invitation principale de Jésus' est pour une **relation** avec Lui! Lorsque nous mettons cela de côté, nous nous perdons et nous éloignons de la relation vitale qui est au cœur de la foi chrétienne. »*

## Le Pape

L'Église, dans son dessein de s'imposer comme la représentante de Dieu sur terre a affirmé que Dieu avait d'abord désigné Pierre comme le chef de l'Église et que Pierre, l'un des apôtres, a ensuite transmis ce pouvoir au prochain chef de l'Église et que ce système de passation des pouvoirs se poursuit jusqu'à aujourd'hui. Ces hommes ont été nommés Papes.

Saint-Pierre est mort à Rome et depuis, l'Évêque de Rome est devenu le Pape. Lorsqu'un Pape meurt, les Cardinaux élisent son successeur. Il y a eu à ce jour 266 Papes. Les laïcs sont amenés à croire que chacun de ces hommes a été autorisé par Dieu à transmettre des édits qui entraient souvent en conflit avec la Parole de Dieu telle qu'écrite dans les Saintes Écritures.

Depuis l'année 1200 l'Église a désigné cet homme comme le Vicaire du Christ, le représentant du Christ sur terre. Elle déclare que ses déclarations spirituelles sont des vérités absolues et que les croyants qui souhaitent se retrouver dans les bonnes grâces de Dieu doivent y obéir.

Les Écrits cités comme preuve que Jésus a désigné Pierre comme dirigeant de l'Église chrétienne sont très douteux. En arriver à cette conclusion et d'en tirer en plus que Pierre a légué cette autorité implique que les Écrits ont été déformés au-delà de toute crédulité. C'est pourquoi il n'existe aucune confession protestante croyant que Jésus à délégué cette responsabilité à Pierre. De fait, la plupart des mots spécifiques controversés n'étaient probablement même pas adressés uniquement à Pierre, mais à tous les disciples de Jésus qui étaient présents.

**Jésus lui-même, et non Pierre, est à la base de son église.** Pierre a reconnu ce fait.

*« Approchez-vous de Christ, la pierre vivante rejetée par les hommes mais choisie et précieuse devant Dieu. » – 1 Pierre 2:4*

Plusieurs autres Écrits indiquent clairement que Jésus-Christ est la fondation de l'Église Chrétienne. Saint-Paul écrit:

*« Conformément à la grâce que Dieu m'a donnée, j'ai posé le fondement comme un sage architecte, et un autre construit dessus. Cependant, que chacun fasse attention à la manière dont il construit dessus, [11] car personne ne peut poser un autre fondement que celui qui a été posé, à savoir Jésus-Christ. » – 1 Corinthiens 3:10-11*

Il existe un très bel ancien hymne appelé Le Fondement de l'Église. La première strophe se chante ainsi :

Le fondement de l'Église
C'est Jésus-Christ Notre Seigneur,
Elle est Sa nouvelle création
Par l'eau et par la Parole.
Il est descendu des cieux et l'a cherchée
Pour qu'elle soit sa Sainte fiancée ;
Avec son propre sang il l'a achetée
Et pour son existence Il est mort.

Les catholiques réfèrent normalement à cet homme comme le Saint-Père, même si Jésus a dit...

*« N'appelez personne sur la terre votre père, car un seul est votre Père, c'est celui qui est au ciel. »* – *Matthieu 23:9*

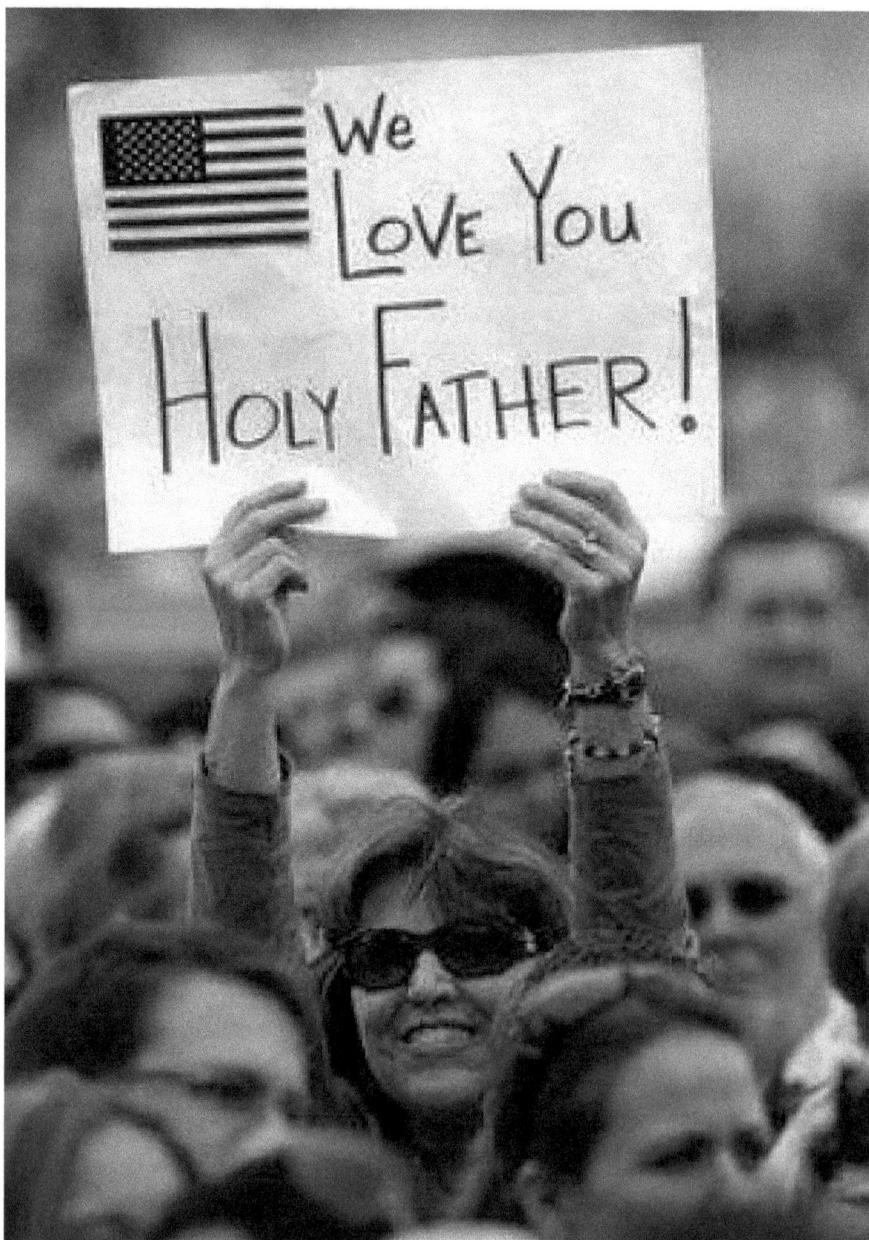

Pancarte : « Nous vous aimons Saint-Père! »

Un pape se faisant transporter dans une chaise gestatoire

## Quelques informations sur Pierre

Pierre était un bienveillant, sincère et impétueux fidèle de Jésus. C'est lui, Jacques et Jean qui sont les disciples les plus mentionnés comme se trouvant aux côtés de Jésus à plusieurs occasions. Mais comme chacun de nous, Pierre avait des faiblesses. C'est un peu après la merveilleuse déclaration de foi de Pierre (que Jésus était le Messie et le Fils de Dieu) que Jésus l'a réprimandé. Jésus venait d'expliquer qu'il devait se rendre à Jérusalem et qu'il y serait jugé et mis à mort…mais qu'il reviendrait à la vie trois jours plus tard. L'impétueux Pierre n'était pas d'accord avec son plan et lui a laissé savoir.

> *« Alors Pierre le prit à part et se mit à le reprendre en disant: « Que Dieu t'en garde, Seigneur! Cela ne*

*t'arrivera pas. » Mais Jésus se retourna et dit à Pierre:
« Arrière, Satan, tu es un piège pour moi, car tes
pensées ne sont pas les pensées de Dieu, mais celles des
hommes. » – Matthieu 16:22-23*

En appelant Pierre Satan, Jésus disait simplement à Pierre que
Satan se servait de lui pour le tenter à reculer devant le but ultime
pour lequel il était né… mourir pour expier les péchés du monde.
Souvenez-vous, même si Jésus était le Fils de Dieu, il a dû se
départir de sa déité pour prendre forme humaine (Philippiens 2: 6-
8). Il n'avait pas besoin que Pierre ni quiconque essaye de changer
sa résolution.

Pierre était marié. Il avait une belle-mère.

*« Jésus se rendit ensuite à la maison de Pierre. Il vit
la <u>belle-mère de celui-ci</u> couchée, avec de la fièvre. Il
lui toucha la main et la fièvre la quitta; puis elle se leva
et le servit. » – Matthieu 8:14-15*

Et Paul a écrit :

*« N'avons-nous pas le droit de mener avec nous une
sœur qui soit notre femme, comme le font les autres
apôtres et les frères du Seigneur, et Paul ? » - 1
Corinthians 9:5*

Pierre, le disciple qui a marché sur l'eau. Lui et d'autres disciples
ont vu Jésus marcher sur les eaux de la Mer de Galilée une nuit de
tempête. Comme il approchait de leur bateau, Pierre dit: « Si c'est
toi Seigneur, ordonnez-moi de venir à vous sur l'eau. » Jésus dit, «

Viens. » Pierre sortit alors du bateau and commença à marcher vers Jésus. Lorsqu'il vit le vient violent et les vagues, il prit peur et commença à couler.

> « *Aussitôt Jésus étendit la main, le saisit, et lui dit: Homme de peu de foi, pourquoi as-tu douté ? » – Matthieu 14:31*

Même si Jésus n'a de toute évidence pas compris les doutes de Pierre, je pense qu'il est possible d'affirmer qu'il a démontré sa foi bien plus que quiconque dans ces circonstances. À ma connaissance, il est le seul humain qui ait réellement marché sur l'eau, bien que ce ne fût que pour un bref moment. Cela témoigne parfaitement de sa foi en Jésus.

## Réciter le Chapelet

L'Église catholique encourage fortement la récitation du chapelet. Vous avez probablement déjà remarqué des autocollants de pare-chocs ayant été apposés par de dévoués catholiques, vous invitant à « Dire votre Chapelet. »

Réciter le Rosaire consiste en la répétition rituelle une série définie de mots, de confessions et de prières. Le Symbole des Apôtres (qui n'a pas été rédigé par l'un des Apôtres), le Notre Père, Gloire au Père et Ave Maria. Pour ceux qui ne sont pas familiers avec le jargon de l'Église catholique, voici les paroles d'un Gloire à Dieu et d'un Ave Maria :

**Gloire au Père:** « Gloire au Père, au Fils et au Saint-Esprit. Comme Il était au commencement, maintenant et toujours, pour les siècles des siècles. Amen. »

**Ave Maria:** « Je vous salue, Marie, pleine de grâce, le Seigneur est avec vous; vous êtes bénie entre toutes les femmes, et Jésus le fruit de vos entrailles, est béni. Sainte Marie, Mère de Dieu, priez pour nous pécheurs, maintenant, et à l'heure de notre mort. Amen. »

Les rosaires comportent aujourd'hui 59 billes. 6 billes sont de plus grande taille pour lesquelles on doit répéter le Notre Père 6 fois, et 53 autres billes pour lesquelles on doit répéter l'Ave Maria 53 fois. Vous devez aussi réciter les prières du Symbole des Apôtres et du Gloire à Dieu.

Un Rosaire

Je suis tombé sur un article sur le web qui explique comment réciter le rosaire. Je l'ai reproduit ci-dessous dans son entièreté (en italique).
www.dummies.com/religion/christianity/catholicism/how-to-pray-the-rosary/

**Les perles du Rosaire aident les catholiques à compter leurs prières. Mais surtout, les catholiques récitent le rosaire afin de s'en servir pour faire la demande à Dieu d'une faveur, comme aider un proche à guérir d'une maladie, ou encore pour remercier Dieu de bénédictions déjà reçues – un nouveau bébé, un nouvel emploi, une nouvelle lune.**

1. *Pour le crucifix, faites le signe de croix et puis récitez le Symbole des Apôtres.*

*« Je crois en Dieu, le Père tout-puissant, Créateur du Ciel et de la Terre. Et en Jésus-Christ, Son Fils unique, Notre Seigneur qui a été conçu du Saint-Esprit, est né de la Vierge Marie, a souffert sous Ponce Pilate, a été crucifié, est mort et a été enseveli, est descendu aux enfers, le troisième jour est ressuscité des morts, est monté aux cieux, est assis à la droite de Dieu, le Père tout-puissant, d'où Il viendra juger les vivants et les morts. Je crois en l'Esprit-Saint, á la sainte Église catholique, à la communion des saints, à la rémission des péchés, à la résurrection de la chair, à la vie éternelle. Amen. »*

*Pour la grosse perle suivante, récitez le Notre Père.*

*« Notre Père qui êtes aux cieux, que votre Nom soit sanctifié, que votre règne vienne, que votre volonté soit faite sur la terre comme au ciel. Donnez-nous aujourd'hui notre pain quotidien. Pardonnez-*

*nous nos offenses comme nous pardonnons aussi à ceux qui nous ont offensés. Et ne nous soumettez pas à la tentation, mais délivrez-nous du mal. Amen. »*

3.  *Pour les trois petites billes suivantes, récitez trois Ave Maria.*

*« Je vous salue, Marie, pleine de grâce, le Seigneur est avec vous, vous êtes bénie entre toutes les femmes, et Jésus, le fruit de vos entrailles, est béni. Sainte Marie, Mère de Dieu, priez pour nous pécheurs, maintenant et à l'heure de notre mort. Amen. »*

4.  *Sur la chaîne, récitez le Gloire soit au Père.*

*« Gloire soit au Père, et au Fils et au Saint-Esprit. Comme il était au commencement, maintenant, et toujours dans les siècles des siècles. Amen. »*

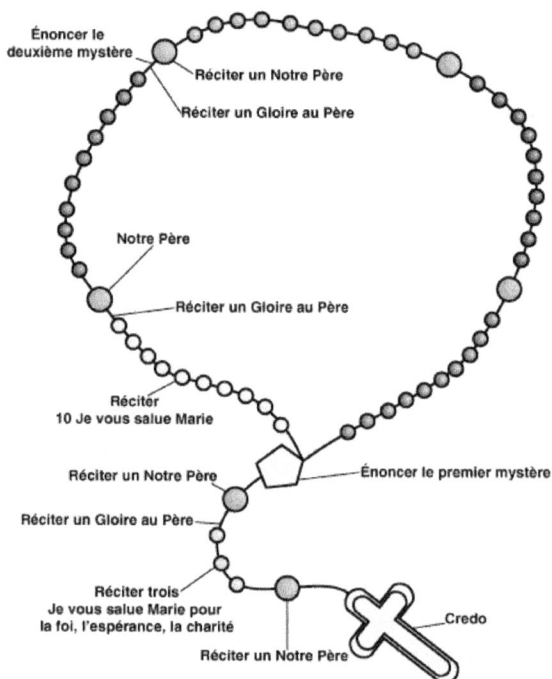

5. *Pour la grande perle, énoncez le premier mystère et récitez le Notre Père.*

*Vous devez énoncer un mystère pour chacune des sections (décennies) du chapelet selon le jour de la semaine:*

1. *Lundis et samedis :*

*Les Mystères Joyeux rappellent au fidèle la naissance de Jésus : L'Annonciation (Luc 1:26–38) ; La Visitation (Luc 1:39–56) ; La Naissance de Jésus (Luc 2:1–21) ; La Présentation (Luc 2:22–38) ; Le Recouvrement de Jésus au temple (Luc 2:41–52)*

2. *Mardis et vendredis :*

*Les Mystères Douloureux rappellent la passion et la mort de Jésus : L'Agonie (Mathieu 26:36–56) ; La Flagellation (Mathieu 27:26) ; Le Couronnement d'Épines (Matthieu 27:27–31) ; Jésus porte sa Croix (Matthieu 27:32) ; La Crucifixion (Matthieu 27:33–56).*

3. *Mercredis et dimanches :*

*Les Mystères Glorieux se concentrent sur la Résurrection de Jésus et les Gloires du Ciel : La Résurrection (Jean 20:1–29) ; L'Ascension (Luc 24:36–53); La Pentecôte (Actes 2:1–41) ; L'Assomption de Marie, la Mère de Dieu, aux cieux ; Le Couronnement de Marie.*

4. *Jeudis :*

*Le Pape Jean-Paul II ajouta en 2002 les Mystères de la Lumière, mieux connu sous le nom de Mystères Lumineux : Le Baptême de Jésus (Mathieu 3:13–16) ; Le 1$^{er}$ Miracle aux Noces de Cana (Jean 2:1–11) ; L'Annonce du Royaume (Marc 1:14–15) ; La Transfiguration (Mathieu 17:1–8) ; La Sainte Eucharistie (Mathieu 26).*

*6. Sautez le petit médaillon central et, pour les 10 perles suivantes, récitez un Ave Maria pour chacune ; sur la chaîne récitez un Gloire au Père.*

*Même si une décennie est de 10, ces 12 prières forment une décennie du chapelet.*

*Plusieurs catholiques récitent aussi la Prière de Fatima après la Gloire au Père, avant le Notre Père : Ô mon Jésus, pardonnez-nous nos péchés, préservez-nous du feu de l'enfer, et conduisez au Ciel toutes les âmes, en particulier celles qui ont le plus besoin de votre miséricorde.*

*7. Répétez les Étapes 5 et 6 quatre fois supplémentaires pour terminer les quatre décennies suivantes.*

*8. À la fin du Chapelet, récitez le Salve Regina.*

*Salut, ô Reine, Mère de miséricorde ; notre vie, notre douceur et notre espérance, salut. Enfants d'Eve, malheureux exilés, nous élevons nos cris vers vous ; nous soupirons vers vous, gémissant et pleurant dans cette vallée de larmes.*
*Oh! notre avocate, tournez donc vers nous vos regards miséricordieux, et, au sortir de cet exil, montrez-nous Jésus, le fruit béni de vos entrailles.*
*Ô clémente, ô charitable, ô douce Vierge Marie !*

**Deux raisons de ne <u>jamais</u> réciter le rosaire**

1. L'article ci-dessus indique que le chapelet aide le Catholique à compter ses prières ? Les compter ? Dieu ne veut pas entendre des répétitions ritualisées. Elles ne gagnent pas sa faveur. De fait, je crois que ces répétitions soigneusement formulées l'insultent. Si vous êtes un père ou une mère, comment vous sentiriez-vous si votre fils ou votre fille venait vous voir et répétait encore et encore ses supplications de façon rituelle afin de gagner vos bonnes grâces

et de vous enjoindre à accéder à ses demandes. Ont-ils besoin de gagner votre faveur ? Non, ils l'ont déjà. Et c'est la même chose avec Dieu.

> *« Voyez quel amour le Père nous a témoigné, pour que nous soyons appelés enfants de Dieu ! Et nous le sommes. Si le monde ne nous connaît pas, c'est qu'il ne l'a pas connu. » – 1 Jean 3:1*

Jésus a aussi spécialement parlé de ce type de prières.

> *« En priant, ne multipliez pas de vaines paroles, comme les païens, qui s'imaginent qu'à force de paroles ils seront exaucés. ⁸ Ne leur ressemblez pas ; car votre Père sait de quoi vous avez besoin, avant que vous le lui demandiez. » – Mathieu 6:7-8*

2. Marie a été bénie par Dieu. Elle a été choisie pour porter et élever le Fils de Dieu, lequel a délaissé son pouvoir et sa gloire pour se réincarner sous forme humaine. (Veuillez vous référer à la section précédente « La Vénération de Marie ».) Quoiqu'il en soit, un aspect important qui doit être réitéré en relation avec le chapelet est que Marie **n'était pas** la « mère de Dieu ». Dieu existe depuis toujours; Marie était humaine, et rien dans les Écritures ne suggère que les saints puissent nous voir ou nous entendre.

Marie n'a pas été choisie pour devenir l'intermédiaire entre les hommes et Dieu, cette position est occupée par Jésus seulement.

*« Car il y a un seul Dieu, et aussi un seul médiateur entre Dieu et les hommes, Jésus Christ homme » – 1 Timothée 2:5-6*

*« Mes chers enfants, je vous écris ces choses afin que vous ne péchiez point. Et si quelqu'un a péché, nous avons un avocat auprès du Père, Jésus Christ le juste. » – 1 Jean 2:1*

## Le Purgatoire

L'idée derrière le concept catholique du purgatoire est que certaines personnes meurent en ayant commis des péchés mineurs et pardonnables, mais ne s'en étant pas encore repenti ; et que le temps de pénitence devant être servi pour ces péchés n'a pas encore été complètement payé au cours de leur vie. Le Purgatoire est donc un endroit d'expiation temporaire où elles seront purifiées afin de pouvoir entrer au paradis de Dieu.

Pour commencer, aucun péché n'est si mineur qu'il vous laisserait entrer au paradis sur la base de votre mérite seul. Il est aussi vrai qu'aucun péché n'est si odieux que le sang de Jésus ne l'ait pas complètement expié, si la personne qui a péché s'en confesse et s'en repentit sincèrement.

**Selon cette doctrine scandaleuse, la souffrance et la mort de Jésus sur la Croix ne sont pas suffisantes pour expier les péchés des morts ; le pêcheur doit donc se repentir encore plus. Cela rabaisse et diminue la valeur du sacrifice de Jésus-Christ.**

Jésus, parlant de lui-même, le Fils de Dieu, à la troisième personne, a dit:

> *« Celui qui croit en lui n'est point jugé ; mais celui qui ne croit pas est déjà jugé, parce qu'il n'a pas cru au nom du Fils unique de Dieu. » - Jean 3:18*

Il a aussi dit,

> *« En vérité, en vérité, je vous le dis, celui qui écoute ma parole, et qui croit à celui qui m'a envoyé, a la vie éternelle et ne vient point en jugement, mais il est passé de la mort à la vie. » – Jean 5:24*

Veuillez noter que ces deux Écrits nous enseignent qu'il n'y a « pas de jugement » et que ceux qui croient en Jésus « ne seront jamais condamnés ». Il n'existe aucun péché restant à expier.

Cet enseignement fallacieux est principalement basé sur trois versets tirés des II Maccabées 12:43-45, qui est l'un des livres des Apocryphes compris dans les Bibles catholiques mais pas dans les Bibles protestantes. Quelques autres Écrits sont aussi cités mais, sans les passages tirés des Maccabées, ils ne n'offrent aucun soutien crédible à la doctrine du purgatoire.

Les protestants ne reconnaissent pas que les Apocryphes compris dans la Bible catholique aient été écris en s'inspirant de Dieu. Ceci est d'une grande importance car le livre étant d'origine douteuse, on ne peut se fier aux Écrits y figurant qui suggèrent l'existence d'un purgatoire.

Vous trouverez ci-dessous une partie du contenu de courriels provenant du savant Bibliste Gary F. Zeolla, lequel énonce plusieurs des raisons principales pour lesquelles les Bibles protestantes ne comprennent pas les Apocryphes (italiques):

*« Premièrement, le canon Juif n'inclut pas les Apocryphes. Cela est important puisque c'est aux Juifs qu'a été confié l'AT (Romains 3:1,2). Ensuite, certains des Aprocryphes ont été écrits en grec, pas en hébreu. Ils sont donc différents des Écritures hébraïques. »*

*Troisièmement, Jésus semble exclure les Apocryphes dans cette déclaration faites dans Luc 11:51 – « depuis le sang d'Abel jusqu'au sang de Zacharie, tué entre l'autel et le temple ; oui, je vous le dis, il en sera demandé compte à cette génération. » BRJ*

*La mort d'Abel est répertoriée dans la Genèse, le premier livre du canon Juif. La mort de Zacharie est incluse dans 2 Chroniques, le dernier livre du canon Juif (l'ordre des livres est différent de celui d'aujourd'hui). Cela semble prouver que le canon Juif était exact.*

*L'ordre des livres tel qu'il est présenté aujourd'hui est tiré des Septante (traduction datant du deuxième siècle avant J.-C. de l'AT), qui comprenait les Apocryphes. Mais Jésus se réfère au canon Juif dans Sa déclaration.*

*Quatrièmement, aucune citation tirée directement des Apocryphes n'apparaît dans le NT. On y trouve bien des allusions aux évènements et déclarations des Apocryphes, comme dans 1 Maccabées lorsqu'on y fait allusion dans Hébreux 11:37. Néanmoins, aucune de ces allusions ne vient étayer la thèse selon laquelle les apôtres utilisaient les Apocryphes comme source préremptoire. Autrement dit, on ne trouve aucune citation tirée des Apocryphes dans le NT qui indique que les apôtres considéraient ces livres péremptoiress, c-à-d. en utilisant les mots : « Il a été écrit », « prononcé par le prophète », etc...*

*Ainsi, il semble que les auteurs du NT et Jésus lui-même n'aient pas considéré les Apocryphes comme des Écritures étant donné le manque de citations péremptoires des Apocryphes dans le NT. »*

L'effet tragique de l'enseignement du purgatoire est que même dans la mort, les catholiques ne peuvent être assurés de leur salut éternel. Leurs péchés ci-bas étaient-ils si graves que Jésus les rejetterait et les enverrait en enfer et non au purgatoire ? Ou encore, s'ils n'étaient pas si mauvais, combien de temps doivent-ils y croupir ? Combien de prières de leurs parents seront nécessaires pour écourter ou terminer leur séjour, ou combien d'argent devrait être versé à L'Église catholique pour les racheter ? (Voir la section des Pardons).

La Bible nous fournit maintes garanties que nous serons sauvés si nous acceptons Jésus comme notre Sauveur et avons foi que son sacrifice a racheté tous nos péchés. Il n'y a rien d'autre que nous devions expier. Aucune somme d'argent et aucune prière ne contribueront à notre salut.

> *« Je vous ai écrit ces choses, afin que vous sachiez que vous avez la vie éternelle, vous qui croyez au nom du Fils de Dieu. » - 1 Jean 5:13*

Donc, vous pouvez être <u>certain</u> que vous accéderez à la vie éternelle ! Et non seulement <u>espérer</u> y avoir droit. Saint-Paul ne laisse d'ailleurs aucun doute par rapport au fait que notre salut n'a rien avoir avec nos mérites ou nos bonnes œuvres.

> *« Car c'est par la grâce que vous êtes sauvés, par le moyen de la foi. Et cela ne vient pas de vous, c'est le don de Dieu. Ce n'est point par les œuvres, afin que personne ne se glorifie. » – Éphésiens 2:8-9*

Il explique aussi qu'à travers Jésus nous nous sommes réconciliés, ou avons été absous, aux yeux de Dieu. Dieu ne nous blâme plus pour nos péchés.

> *« Si quelqu'un est en Christ, il est une nouvelle création. Les choses anciennes sont passées ; voici, toutes choses sont devenues nouvelles. Et tout cela vient de Dieu, qui nous a réconciliés avec lui par Christ, et qui nous a donné le ministère de la réconciliation. Car Dieu était en Christ, réconciliant le monde avec lui-même, en n'imputant point aux hommes leurs offenses, et il a mis en nous la parole de la réconciliation. » – 2 Corinthiens 5:17-19*

**C'est Jésus lui-même qui jugera chacun d'entre nous et il nous jugera sur le fait que nous ayons cru et eu assez foi en lui et en ce que son sacrifice rédempteur ait été suffisant.**

Jésus a dit :

> « *Car, comme le Père ressuscite les morts et donne la vie, ainsi le Fils donne la vie à qui il veut. Le Père ne juge personne, mais il a remis tout jugement au Fils, afin que tous honorent le Fils comme ils honorent le Père. Celui qui n'honore pas le Fils n'honore pas le Père qui l'a envoyé.* » - Jean 5:21-23

Un dernier Écrit de Paul qui nous assure que nos âmes sauves rejoignent directement le Seigneur lorsque nous mourrons :

> « *Nous sommes donc toujours pleins de confiance, et nous savons qu'en demeurant dans ce corps nous demeurons loin du Seigneur, car nous marchons par la foi et non par la vue ; nous sommes pleins de confiance, et nous aimons mieux quitter ce corps et demeurer auprès du Seigneur.* » – 2 Corinthiens 5:6-8

# Chapitre 4

# Cupidité et Immoralité

## La Vente de Pardons

Au cours du seizième siècle, on disait aux gens qu'ils pouvaient acheter un pardon de l'Église catholique qui diminuerait ou éliminerait leur période passée au purgatoire. On peut présumer que si vous confessiez un meurtre, vous deviez débourser une somme plus considérable que si vous confessiez un adultère ou avoir volé de la nourriture.

L'Église ne s'attendait pas à l'entrée en scène de Martin Luther. Un prêtre catholique allemand qui osa défier certaines des doctrines de la Papauté et leurs pratiques cupides et non-divines, comme la vente de Pardons. Les ventes avaient explosé et l'argent roulait aux portes de l'Église, alors Martin ne s'est pas attiré les faveurs de l'Église en dénonçant cette pratique diabolique. Après que Luther ait refusé de rétracter sa condamnation de certaines des pratiques de l'Église, cette dernière a tenté de le tuer pour qu'il n'agite pas la population.

Certains de vous qui lisent ce livre seront choqués d'apprendre que l'Église catholique vend toujours des Pardons ; mais vous ne pouvez dorénavant plus les acheter au coin de la rue. Cela créerait une contestation dévastatrice pour l'Église. Aujourd'hui, ces transactions sont donc effectuées à un plus haut niveau et seulement si le risque en vaut la chandelle.

Comme expliqué dans l'Encyclopédie catholique,

> *« Le pape n'absout pas l'âme du purgatoire et du châtiment dû pour ces péchés, mais il offre à Dieu à partir du trésor de l'Église ce qui sera nécessaire pour annuler ce châtiment. »*

Cette pratique est si clairement immorale et controversée que les Pardons peuvent aujourd'hui seulement être achetés avec l'accord du Pape et seulement si plusieurs conditions sont remplies. L'une de ces conditions, telle qu'impudemment citée dans l'Encyclopédie Catholique, est qu'il doit y avoir « …quelque chose relatif à la gloire de Dieu **et d'utile à l'Église,** et qui ne bénéficie pas simplement aux âmes du purgatoire. »

Mon interprétation est que le pardon ne doit pas seulement bénéficier à l'individu, mais aussi être rentable pour l'Église.

Il me vient à l'esprit l'exemple du film Le Parrain III, dans lequel le caïd de la Mafia Don Corleone reçoit une haute distinction décernée par l'Église catholique romaine… peu après avoir fait don de plus de 100 millions de dollars à l'Église.

J'espère que je ne détruis les plans de personne quand je dis qu'un pardon de l'Église catholique est complètement inutile. Dieu seul peut accorder un pardon pour des péchés ; il l'a d'ailleurs déjà fait… et c'est gratuit !

> *« Car le salaire du péché, c'est la mort ; mais le don gratuit de Dieu, c'est la vie éternelle en Jésus-Christ notre Seigneur. »* – Romains 6:23

## Immoralité Sexuelle

Des études suggèrent que le pourcentage de prêtres homosexuels au sein de l'Église catholique est bien plus important que celui de la population en général. Aux États-Unis, la culture du « politiquement correct » a permis à l'homosexualité d'être devenue presque acceptable. Bien que beaucoup adaptent leur moralité à leur culture, ce n'est pas le cas de Dieu. Ce que Dieu a déclaré être un péché en est toujours un.

> « *Car je suis l'Éternel, je ne change pas.* » –Malachie *3:6*

Des prêtres abusent sexuellement, violent et sodomisent des enfants ! Comment cela se peut-il ? Des hommes, qui ont vraisemblablement déjà eu des aspirations nobles, violant des enfants innocents qui avaient été confiés à leurs bons soins spirituels !

Pendant des décennies, plus précisément des siècles, les dirigeants de l'Église, *dans les plus hautes sphères,* ont gardé secrets d'horribles récits d'abus au moyen d'une culture élaborée du tabou, de la supercherie et de l'intimidation. Les victimes qui se sont plaint ce ces abus ont été ignorées ou payées, alors que les prêtres accusés étaient discrètement transférés de paroisse en paroisse ou envoyés à de courtes thérapies. En dépit des dénonciations de viols d'enfants et autres comportements criminels par des membres du clergé, les dirigeants de l'Église n'ont fait aucun effort signifiant pour en informer les forces de l'ordre.

En parlant des jeunes enfants, Jésus disait,

> *« Mais, si quelqu'un scandalisait un de ces petits qui croient en moi, il vaudrait mieux pour lui qu'on suspende à son cou une meule de moulin, et qu'on le jette au fond de la mer. »* – Matthieu 18:6

Il est clair qu'un grand nombre d'hommes ayant choisi de faire vœu de célibat l'on fait parce que leur orientation sexuelle était conflictuelle. Ils se sont peut-être battus contre leurs inclinations homosexuelles ou pédophiles et, plutôt que d'aller chercher de l'aide psychologique et spirituelle, ils ont fait l'erreur de penser qu'en faisant vœu de célibat ils élimineraient et élimineraient leurs prédispositions.

Ce n'est pas non plus une question de l'Église représentant un échantillon de la société. Le pourcentage de prêtres homosexuels et pédophiles est épouvantable ! C'est un problème de proportion épidémique ! **Plusieurs <u>milliers</u> de prêtres ont été accusés ou condamnés pour avoir abusé sexuellement des enfants !** Un plus grand nombre encore a été impliqué ou a conspiré pour fermer les yeux sur ces effroyables abus. J'ai lu un article au sujet d'un prêtre qui à lui seul était responsable d'avoir abusé de plus de 200 enfants.

> *« Cette femme était vêtue de pourpre et d'écarlate, et parée d'or, de pierres précieuses et de perles. Elle tenait dans sa main une coupe d'or, remplie d'abominations et des impuretés de sa prostitution. »* – Apocalypse 17:4

Vous avez sans aucun doute entendu parler des cas d'abus généralisés aux États-Unis. Déjà en 2002, plus de 1200 prêtres avaient été dénoncés pour agression aux États-Unis, selon une étude faite par *The New York Times*.

Ce n'est pas un phénomène spécifiquement américain, il sévit partout dans le monde. Il n'existe presque aucun un pays qui n'ait pas été touché par ces atrocités commises par des membres du clergé de l'Église catholique ; des accusations d'abus ou de mauvaise gestion de scandales ont forcé la démission d'évêques en Argentine, en Allemagne, en Autriche, en Irlande, au Pays de Galle, en Écosse, au Canada, en Australie, en Suisse, et ailleurs.

Le texte ci-dessous est tiré d'un article paru sur le web le 29 novembre 2009 dans la section Opinions Cultivées – Nouvelles, opinions et commentaires, portant le titre *l'Église Catholique Romaine d'Irlande: La Plus Grande Organisation Pédophile du Monde Enfin Démasquée* (italique).

*« Le coup le plus dur qu'a accusé n'importe lequel des catholiques romains a été la révélation que des membres du clergé de notre église étaient responsables de terribles abus sexuels et physiques systématiques sur des enfants, sur une échelle presque impossible à imaginer. Les chiffres exacts qui révèleraient le nombre de victimes ne seront jamais connus puisque ces comportements ont cours depuis non pas des années ou même des décennies, mais depuis des siècles. Nous devons accepter que l'Église catholique soit le plus grand réseau de pédophiles au monde et que ces membres n'ont pas seulement commis des crimes en Irlande. Je préfère ne pas penser à ces bâtards de prêtres – ils n'ont jamais rejoint l'Église pour donner des sacrements ou servir Dieu et*

*répandre sa parole – ils l'ont rejointe simplement pour avoir accès à des enfants innocents. Ils étaient d'abord et avant tout des pédophiles et non de véritables membres du clergé. Et, comme l'image des trois singes, le Vatican a conspiré pour ne voir rien, n'entendre rien et ne faire absolument rien. »*

**Imaginez-vous la colère de Dieu contre ceux qui ont recouvert son Saint Nom de honte et contre ceux dans les plus hautes sphères de l'Église catholique qui ont couvert ces crimes horribles et ont transféré à répétition les prêtres fautifs pour les protéger de toute forme de persécution ou de châtiment !**

> *« C'est une chose terrible de tomber entre les mains du Dieu vivant. » – Hébreux 10:31*

Le nombre de victimes est inconnu, mais tourne très probablement autour d'une centaine de milliers de jeunes âmes ayant été blessées ou détruites par ces actes monstrueux exécutés par des hommes qui se disaient des représentants de Dieu!

Lisez ce que Saint-Paul avait à dire à propos des dirigeants Juifs de son temps :

> *« Toi qui te donnes le nom de Juif, qui te reposes sur la loi, qui te glorifies de Dieu, qui connais sa volonté, qui apprécies la différence des choses, étant instruit par la loi ; toi qui te flattes d'être le conducteur des aveugles, la lumière de ceux qui sont dans les ténèbres, le docteur des insensés, le maître des ignorants, parce que tu as dans la loi la règle de la science et de la vérité ; toi*

73

*donc, qui enseignes les autres, pourquoi ne t'enseignes-tu pas toi-même ?*

*Toi qui prêches de ne pas dérober, tu dérobes ! Toi qui dis de ne pas commettre d'adultère, tu commets l'adultère ! Toi qui as en abomination les idoles, tu commets des sacrilèges ! Toi qui te fais une gloire de la loi, tu déshonores Dieu par la transgression de la loi ! Car le nom de Dieu est blasphémé parmi les païens à cause de vous, comme cela est écrit. »* – Romains 2:17-24

Changeons quelques mots et voyons ce que Paul aurait à dire sur la hiérarchie de l'Église catholique d'aujourd'hui…

*« Toi qui te donnes le nom de **prêtre, évêque, et cardinal**, qui te reposes sur la loi, qui te glorifies de Dieu, qui connais sa volonté, qui apprécies la différence des choses, étant instruit par la loi ; toi qui te flattes d'être le conducteur des aveugles, la lumière de ceux qui sont dans les ténèbres, le docteur des insensés, le maître des ignorants, parce que tu as dans la loi la règle de la science et de la vérité ; toi donc, qui enseignes les autres, pourquoi ne t'enseignes-tu pas toi-même ?*

*Toi qui prêches de ne pas dérober, tu dérobes ! Toi qui dis de ne pas commettre d'adultère, tu **abuses sexuellement d'enfants innocents** ! Toi qui as en abomination les idoles, tu **te prosternes devant des statues et pries les morts de te venir en aide** ! Toi qui te* *fais une gloire de la loi, tu déshonores Dieu par la transgression de la loi! Car le nom de Dieu est blasphémé parmi les païens à cause de vous, comme cela est écrit. »*

J'ai récemment entendu une femme dire qu'elle ne se sentait plus à l'aise de confesser ses péchés à un prêtre. Elle supposait que les péchés du prêtre étaient probablement pires que les siens. Elle disait qu'elle avait décidé de se confesser directement à Dieu. J'imagine Dieu souriant et même applaudissant !

**Que s'est-il passé ?**

« Sanctification » est le terme biblique qui réfère au processus par lequel nous pouvons devenir plus similaires et proches de Dieu par nos pensées, nos actions et nos comportements alors que notre relation personnelle avec lui progresse.

La Parole de Dieu est indéniable et nous nous sanctifions (devenons plus saints) en lisant et en étudiant sa Parole.

Je crois qu'il est possible d'affirmer que rares sont les prêtres qui étudient quotidiennement la Parole de Dieu. Alors que les « fidèles » de l'Église ont été induits en erreur, les prêtres l'ont aussi été de penser que leur relation principale devait être avec l'Église et non avec Dieu lui-même. Quiconque n'entretient pas sa relation avec Dieu devient particulièrement vulnérable à toutes sortes de tentations coupables.

Jésus, priant à Dieu le Père à propos de ses disciples et ceux qui croiraient en lui dans le futur (nous), récitait,

> « *Consacre-les par ta vérité ! <u>Ta parole est la vérité</u>. [18] Tout comme tu m'as envoyé dans le monde, je les ai moi aussi envoyés dans le monde, [19] et je me consacre moi-même pour eux afin qu'<u>eux aussi soient consacrés par la vérité</u>.* » – Jean 17:17-19

Saint-Paul a déclaré ceci à propos du péché sexuel :

> « *Ce que Dieu veut, c'est votre sanctification ; c'est que vous vous absteniez de la débauche; c'est que chacun de vous sache posséder son corps dans la sainteté et l'honnêteté, sans vous livrer à une convoitise passionnée, comme le font les païens qui ne connaissent pas Dieu.* » – 1 Thessaloniciens 4:3-5

Éviter le péché sexuel ou toute autre tentation n'est pas une question de volonté. Il est souhaitable de vivre d'une manière qui plaise à Dieu, mais cela ne peut être fait par notre seule volonté. Saint-Paul explique clairement que nous ne sommes pas de taille pour mener un combat de cette taille.

> « *Car nous n'avons pas à lutter contre la chair et le sang, mais contre les dominations, contre les autorités, contre les princes de ce monde de ténèbres, contre les esprits méchants dans les lieux célestes.* » – Éphésiens 6:12

Paul poursuit en nous prévenant de revêtir chaque morceau de l'armure de Dieu afin que nous puissions résister aux tentations et qu'après la bataille, nous nous tiendrons bien droits.

> *« Tenez donc ferme : ayez à vos reins la vérité pour ceinture ; revêtez la cuirasse de la justice ; mettez pour chaussures à vos pieds le zèle que donne l'Évangile de paix ; prenez par-dessus tout cela le bouclier de la foi, avec lequel vous pourrez éteindre tous les traits enflammés du malin. » – Éphésiens 6:14-16*

Et nous devrons enfin :

> *« Prenez aussi le casque du salut, et l'épée de l'Esprit, qui est la parole de Dieu. » – Éphésiens 6:17*

Le pilier de notre relation avec Dieu revient toujours à connaître sa Parole.

## Tolérer l'adulation d'autres « déités »

L'Église catholique romaine ne participe pas directement à des rituels sataniques ou à l'adoration du mal, mais elle tolère dans la plupart du monde que des millions de ses membres participent à des cérémonies sataniques au cours desquelles d'autres déités et esprits sont vénérés. Le dimanche matin, les gens peuvent se rendre à la messe, mais participer le soir à des cérémonies répréhensibles portant offense à Dieu.

**La hiérarchie de l'Église préfère conserver ses membres, sa source de pouvoir et d'argent, que de les expulser en leur demandant de**

**choisir entre vénérer le seul et unique Dieu ou la vénération pluraliste de multiples « déités » et esprits de moindre envergure. Le pouvoir et les ressources financières se sont révélés plus importants pour l'Église Catholique que la condition spirituelle et le salut éternel des gens.**

En Haïti et dans d'autres pays des Caraïbes, le **vaudou**, une combinaison des éléments rituels catholiques romains avec l'animisme et la magie provenant d'Afrique, vénère un Dieu régnant sur un grand panthéon de déités, d'ancêtres déifiés et de saints Catholiques, lequel communique avec ses fidèles par les rêves, les transes et les possessions démoniaques. Un prêtre ou une prêtresse dirige les fidèles au cours de cérémonies comportant des chants, de la danse, des tambours, des prières et des sacrifices – animaux et *humains* !

Le premier président d'Haïti démocratiquement élu, Jean-Bertrand Aristide, avait été prêtre catholique avant de devenir président. En tant que président, il a personnellement participé à des cérémonies vaudou et a publiquement encouragé la pratique du vaudou dans ses discours et en lui apportant une aide financière gouvernementale.

Son successeur, le Président René Préval, est largement suspecté d'avoir participé à des cérémonies vaudou à l'intérieur du palais présidentiel, au cours desquelles s'effectuaient des sacrifices d'enfants.

Il est dit en Haïti que « 85% des haïtiens sont catholiques, mais tous pratiquent le vaudou. » Même s'il s'agit d'une exagération, cela vous donne une idée de leur culture religieuse et de combien l'Église y a échoué.

« *Il cria d'une voix forte, disant : Elle est tombée, elle est tombée, Babylone la grande ! Elle est devenue une habitation de démons, un repaire de tout esprit impur, un repaire de tout oiseau impur et odieux* » – *Révélation 18:2*

**Santería** est un mouvement religieux né à Cuba. Il est aujourd'hui répandu à travers l'Amérique Latine. Il combine les pratiques et croyances de l'Afrique de l'Ouest avec des éléments du catholicisme romain. Il prône la croyance en un être suprême, mais vénère et centre ses rituels autour de déités ou de saints patrons (en parallèle avec des saints catholiques romains). Ses pratiques incluent la danse en transe, des tambours rythmiques, des possessions par des esprits (démoniaques) et des sacrifices d'animaux.

Au Brésil se pratique la **macumba,** une religion Afro-Brésilienne caractérisée par une combinaison de religions africaines, du spiritualisme brésilien et du catholicisme romain. Les éléments africains incluent les sacrifices d'animaux, les offrandes aux esprits et de la danse. Les rituels macumba sont dirigés par des médiums qui se prosternent en transe et communiquent avec les esprits « saints ». Les éléments catholiques romains incluent la croix et la vénération des saints, à qui on a donné des noms africains.

C'est là que les dirigeants de l'église doivent exercer toute l'influence qu'ils peuvent sur les membres de leur église. C'est là qu'ils doivent mettre leur pied à terre et dire « Non ! Ce n'est pas correct. Vous ne pouvez pas être un membre de notre église alors que vous vénérez aussi d'autres « dieux » ! Vous devez choisir ! » La réaction du clergé de l'Église catholique a été…................ (silence)

Dans les années 1700, Haïti était la plus riche des colonies françaises, connue sous le nom de la Perle des Antilles à cause de sa beauté unique. La populace était constituée d'esclaves ramenés d'Afrique à Haïti. La population indigène avait été tuée par des maladies contre lesquelles elle n'était pas immunisée. En 1791, un groupe de prêtres vaudous fit un pacte avec le démon. S'il les aidait à libérer Haïti du joug de la France, ils consacreraient le pays à Satan pendant 200 ans. La révolution qui a suivi fut un succès et Haïti devint une nation indépendante en 1804.

Sans surprise, Haïti est maintenant l'un des pays les plus pauvres du monde occidental. Le taux de chômage s'y élève à plus de 80%. La plupart des arbres ont été coupés. L'érosion a emporté des terres autrefois fertiles dans l'océan. Dans certains endroits, les habitants mangent des boulettes de boue séchées et assaisonnées dans l'espoir d'atténuer leur faim. Jésus nous a prévenus que le démon ne vient que pour tuer, voler et détruire.

Les problèmes d'Haïti se présentent en surface comme étant économiques, mais ils sont en fait spirituels.

La maison d'un prêtre vaudou à Haïti

# Chapitre 5

# Notre Relation avec Dieu

## Notre Nature Pécheresse

Quand la Bible parle d'un individu, de personnes, d'un lieu ou d'une chose comme étant sainte, elle veut généralement dire « Mise à part par Dieu ». Dans la version de la Bible du Roi Jacques, se trouve un passage qui parle de Dieu comme source d'inspiration des Saintes Écritures. Il dit,

> « *Car la prophétie n'est pas venue autrefois par la volonté humaine ; mais les* **saints hommes de Dieu** *ont parlé quand ils étaient poussés par la Sainte Présence.* » – *2 Pierre 1:21 (BRJ)*

L'utilisation des mots « saints hommes de Dieu » fait référence à ces hommes comme étant consacrés à un but spécial pour lequel Dieu les a choisis. Cela ne veut pas dire qu'ils étaient parfaits et ne sont pas à l'abri du péché.

Les enfants d'Israël ont été aussi instruits que :

> « *Et tu feras de* **saints** *vêtements à Aaron, ton frère, pour gloire et pour parement.* » – *Exode 28:2 (BRJ)*

Bien entendu, cela ne veut pas dire que les étoffes seront exemptes de péchés, mais plutôt qu'elles étaient destinées à être spéciales et consacrées à la volonté de Dieu.

Nous qui avons accueilli Jésus comme étant le Seigneur de nos vies sommes destinés à devenir saints. Ceci étant dit, nous sommes mis au défi de vivre des vies sans blâmes avec l'aide du Saint-Esprit qui vit en nous.

> *« Comme des enfants obéissants, ne vous conformez pas aux convoitises que vous aviez autrefois, quand vous étiez dans l'ignorance. Mais, puisque celui qui vous a appelés est saint, vous aussi soyez saints dans toute votre conduite, selon qu'il est écrit : Vous serez saints, car je suis saint. »* - 1 Pierre 1:14-16

**Mise à part Adam et Ève avant leur disgrâce, le seul mentionné dans la Bible comme étant innocent est Dieu, incluant Dieu le Fils, Jésus-Christ.**

Abraham, Isaac et Jacob dans l'Ancien Testament, y compris Marie, Pierre, Paul et les auteurs des quatre évangiles dans le Nouveau Testament et Abraham, Isaac et Jacob dans l'Ancien Testament, étaient tous des pécheurs comme vous et moi.

Saint-Paul, à qui l'on devrait plus de la moitié des livres du Nouveau Testament, inspiré par le Saint-Esprit, déclarait ceci à propos de lui-même :

> *« Ce qui est bon, je le sais, n'habite pas en moi, c'est-à-dire dans ma chair : j'ai la volonté, mais non le pouvoir de faire le bien. Car je ne fais pas le bien que je veux, et je fais le mal que je ne veux pas. Et si je fais ce que je ne veux pas, ce n'est plus moi qui le fais, c'est le péché*

*qui habite en moi. Je trouve donc en moi cette loi : quand je veux faire le bien, le mal est attaché à moi. Car je prends plaisir à la loi de Dieu, selon l'homme intérieur ; mais je vois dans mes membres une autre loi qui lutte contre la loi de mon entendement, et qui me rend captif de la loi du péché qui est dans mes membres. Misérable que je suis ! Qui me délivrera de ce corps de mort ? » – Romains 7:18-24*

Puis, il répond à sa propre question.

*« Je remercie Dieu ! La réponse est en Jésus-Christ notre Seigneur. » – Romains 7:25*

On peut qualifier Paul comme étant un « saint » homme de Dieu en se basant sur le fait qu'il fut élu par Dieu et consacré pour prêcher et enseigner la Parole de Dieu. Nous ne pouvons cependant pas le qualifier d'innocent. De son propre aveu, il ne l'était pas.

## Culpabilité, Pénitence et Bonnes Œuvres

Martin Luther, le moine rebelle allemand, se sentait souvent submergé par la virulence de sa nature de pécheur. Il confessait ses péchés de manière obsessionnelle et se flagellait même dans l'espoir de contrôler son corps de pécheur, sans succès.

Nous sommes tous dotés à la naissance d'une nature pécheresse qui nous amènera à pécher. En étudiant les Écritures, Martin Luther a découvert qu'il menait une bataille perdue d'avance, mais que Dieu ne s'attend pas à ce que nous menions des vies sans péchés. Il sait que nous ne le pouvons pas. C'est pour cette raison qu'il a envoyé son innocent Fils, afin d'expier tous nos péchés. Grâce au sacrifice de Jésus, Dieu considère ceux qui ont accepté Jésus comme le Seigneur de leurs vies comme étant justes ! Sa Parole nous dit qu'il a pardonné nos péchés d'aussi loin que l'est est de l'ouest. **Oui, puisque vous et moi sommes innocents aux yeux de Dieu !**

Martin a fait part de ses découvertes à l'Église catholique et était en désaccord avec l'emphase qu'elle mettait sur l'importance d'effectuer de bonnes œuvres, de faire pénitence et/ou de verser des sommes d'argent considérables à l'Église pour gagner la faveur de Dieu. Les études de Luther des Écritures lui ont enseignées que toute personne est absoute de ses péchés seulement par la grâce et la miséricorde de Dieu.

Nous ne pouvons rien faire pour gagner l'amour et le pardon de Dieu. C'est un cadeau offert par un Dieu aimant et miséricordieux.

> *« Car c'est par la grâce que vous êtes sauvés, par le moyen de la foi. Et cela ne vient pas de vous, c'est le don de Dieu. Ce n'est point par les œuvres, afin que personne ne se glorifie. » – Éphésiens 2:8-9*

Le concept de « pénitence » vient entièrement des hommes et non de Dieu. Ce sont des hommes aspirant à plaire à Dieu en faisant des choses dans le but de l'apaiser et détourner sa colère. Mais le Dieu qui s'est révélé à nous dans la Bible n'est pas ainsi. Il est un Dieu de miséricorde et compassion prêt à pardonner à tous ceux qui viennent à lui au nom de son Fils, Jésus-Christ.

Dieu se décrit lui-même ainsi :

*« L'Éternel descendit dans la nuée, il se tint là près de lui et proclama son nom : il passa devant lui en proclamant : L'Éternel, l'Éternel, un Dieu plein de compassion et de grâce, lent à se mettre en colère, et riche en amour et en fidélité ! Il conserve son amour jusqu'à la millième génération : il pardonne le crime, la faute et le péché, mais ne tient pas le coupable pour innocent, il punit la faute des pères sur leurs descendants jusqu'à la troisième, voire même la quatrième génération. » - Exode 34:5-7*

Et c'est ainsi que Saint-Paul décrit l'amour incroyable de Dieu :

*« Que vous puissiez comprendre avec tous les saints quelle est la largeur, la longueur, la profondeur et la hauteur, [19] et connaître l'amour de Christ, qui surpasse*

*toute connaissance, en sorte que vous soyez remplis jusqu'à toute la plénitude de Dieu. »* - Éphésiens 3:18-19

Et il écrit,

*« Mais Dieu prouve son amour envers nous, en ce que, lorsque nous étions encore des pécheurs, Christ est mort pour nous. »* - Romains 5:8

En d'autres termes, Dieu n'a pas dit, « Reprenez vous en main et ensuite venez me voir. » Il a lui-même expié nos péchés et nous a par la suite invités à recevoir le cadeau de la vie éternelle, confiant que le sacrifice de son Fils ait payé pour tous nos péchés.

Une fois que nous avons accepté Jésus comme le Seigneur de nos vies, nous ne continuons plus à commettre volontairement des péchés que nous savons lui déplaieront. Et lorsque nous faillons, nous devons accepter notre échec et demander pardon.

*« Si nous reconnaissons nos péchés, il est loyal et juste pour nous les pardonner et pour nous purifier de tout mal. »* - 1 Jean 1:9

Comme Paul le mentionne, nous ne sommes plus maîtres de nous-mêmes, nous avons été rachetés par le prix du sang de Jésus.

## Pouvons-nous Être Certains de Notre Salut?

De nombreuses personnes nourrissent des incertitudes par rapport à leur salut. Tel que mentionné dans la section sur le Purgatoire, il n'y a rien que nous puissions faire qui contribuera à notre salut. Jésus a payé pour tous nos péchés et il n'y a rien d'autre à faire pour être vu comme juste par Dieu.

Mais nous lisons dans la Bible,

> *« Ne savez-vous pas que les injustes n'hériteront pas du royaume de Dieu ? Ne vous y trompez pas : ni ceux qui vivent dans l'immoralité sexuelle, ni les idolâtres, ni les adultères, ni les travestis, ni les homosexuels, ni les voleurs, ni les hommes toujours désireux de posséder plus, ni les ivrognes, ni les calomniateurs, ni les exploiteurs n'hériteront du royaume de Dieu. » – 1 Corinthiens 6:9-10*

…et nous recommençons à questionner notre salut. Sommes-nous suffisamment bons ?

Saint-Paul continue…

> *"« Et c'est là ce que vous étiez, quelques-uns de vous. Mais vous avez été lavés, mais vous avez été sanctifiés, mais vous avez été justifiés au nom du Seigneur Jésus Christ, et par l'Esprit de notre Dieu. » – 1 Corinthiens 6:11*

Nos péchés ont donc été pardonnés quel que soit leur degré de gravité, mais qu'en est-il des péchés que nous continuons de commettre ? Nous ne pouvons certainement pas continuer à pécher volontairement et espérer que Dieu nous pardonne, n'est-ce pas ? Non. Nous continuerons tous à pécher aussi longtemps que nous vivrons dans nos enveloppes terrestres impures, mais lorsque nous le ferons <u>consciemment,</u> nous devons nous en repentir et confesser ce péché. La confession n'est rien de plus que l'acceptation devant Dieu que nous avons fait quelque chose de mal et une demande de pardon. Si notre confession et notre pénitence sont sincères, Dieu nous pardonnera à chaque fois et rétablira la relation que nous avons volontairement violée. D'un autre côté…

> *« Chers amis, si nous péchons volontairement après avoir reçu la connaissance de la vérité, il ne reste plus de sacrifice pour les péchés, mais une terrible attente du jugement et l'ardeur du feu qui dévorera les adversaires de Dieu. » - Hébreux 10:26-27*

La Bible nous enseigne que croire en Jésus-Christ nous donne le droit d'être identifiés comme enfants de Dieu, de marcher vers son trône et de lui parler en prière de la même manière qu'un fils ou une fille le ferait avec un père aimant. Cette nouvelle relation est supposée durer pour toujours. Jésus a dit qu'il ne laisserait jamais Satan nous arracher de ses mains.

**Une relation qui ressemble à l'instruction de Dieu du mariage**

D'une certaine façon, elle est comme l'institution du mariage. En quittant l'autel, nous sommes mariés. C'est officiel ! Cette nouvelle relation est censée être permanente. La relation maritale va inévitablement connaître des hauts et des bas. Nous offenserons parfois notre partenaire. Nous oublierons peut-être son anniversaire ou serons tellement absorbé par d'autres choses que nous cesserons de passer du temps avec elle ou lui. Nous pouvons rendre notre partenaire jaloux par nos actions. Nous pouvons être infidèle et causer beaucoup de tort à notre partenaire. Mais, à travers tout cela, **nous continuons d'être mariés** ; nous continuons de faire partie d'une relation spéciale. Si nous sommes désolés de nos manquements et si notre partenaire est de nature indulgente comme Dieu, il ou elle nous pardonnera toutes les choses que nous faisons de mal, et continuera de nous aimer. La relation demeure intacte.

Alors que nous passons le seuil de la foi, croyons que Jésus est mort pour nos péchés et que nous l'acceptons comme notre Seigneur, le Saint-Esprit s'établit en nous. À cet instant, nous entrons dans une relation salvatrice avec Dieu qui ressemble beaucoup à une relation conjugale. Dieu sait qu'il y aura des hauts et des bas. Nous l'offenserons. Nous le rendrons peut-être jaloux par la façon dont nous divisons notre temps et les choses que nous prioriserons. Nous céderons peut-être aux tentations de la chair. Nous pouvons même lui être complètement infidèles pendant un certain temps, mais la relation continue. **Nous n'avons pas perdu notre salut !** Dieu va patiemment s'employer à nous faire nous repentir puisqu'il désire conserver intacte cette relation. La seule instance dans laquelle Dieu va délaisser cette relation est si <u>nous</u> ne lui donnons plus d'importance. Si <u>nous</u> insistons à suivre notre propre voie et refusons de travailler sur cette relation, le moment viendra où sa patience s'épuisera… et son Saint-Esprit nous quittera. <u>Nous</u> aurons brisé la relation à cause de de notre mépris à son égard.

J'aime affirmer que nous devons élire Jésus comme « **le Seigneur de notre vie** ». Pour moi, ceci signifie que nous ne croyons pas seulement que sa mort sur la croix a expié tous nos péchés, mais que nous cherchons aussi à le contenter dans nos vies quotidiennes puisque nous ne sommes plus maîtres de celles-ci, il nous a racheté avec le prix de son précieux sang. Nous lui devons tout.

Lorsque nous sommes dans une relation avec un Dieu vivant, nous devons faire de notre mieux pour la garder saine. Voici quatre choses que nous devrions faire pour protéger notre relation :

1.      **Lire la Bible** et laisser Dieu nous parler par le biais de sa Parole. C'est en lisant la Bible que nous parvenons à connaître Dieu plus intimement et commençons à saisir qui il est et son amour incommensurable pour nous. Sa Parole a le pouvoir de transformer nos vies et nous changer de l'intérieur.

2.      **Parler à Dieu** en prières. Dans n'importe quelle relation, la communication doit être bilatérale. Il veut nous écouter. Il veut que nous lui fassions part de ce dont nous avons besoin et que nous le remercions pour tout ce qu'Il fait pour nous. Il entend et répond aux prières de ses enfants.

3.      **Être prudent dans le choix de nos amis intimes.** La Bible nous dit qu'être en mauvaise compagnie corrompt la bonne moralité. Si nous sommes tentés de prendre de la drogue, nous ne devrions pas fréquenter des personnes qui en prennent où en vendent. Si nous sommes spécialement vulnérables aux tentations sexuelles, nous nous devons de nous éloigner de ceux qui peuvent nous y encourager.

4.      **Parler de Jésus aux autres** et de notre relation avec Dieu. C'est son souhait que tout le monde vienne à lui et soit sauvé. Il nous a donné la responsabilité de le laisser savoir à d'autres.

En faisant ces quatre choses, nous nous investissons dans notre relation avec Dieu et Satan sera incapable de s'y interposer.

Dieu a désigné le Roi David un homme, d'après son propre cœur. Voyez cette prière à propos du cœur de David.

*« Comment connaître tous les égarements de mon cœur ? Pardonne-moi ceux que j'ignore. Préserve aussi ton serviteur des orgueilleux ; Qu'ils ne dominent point sur moi ! Alors je serai intègre, innocent de grands péchés. Reçois favorablement les paroles de ma bouche et les sentiments de mon cœur, O Éternel, mon rocher et mon libérateur ! »* - Psaumes 19:12-14

**Alors la réponse à la question, « Peut-on être jamais certain de notre salut » est un retentissant « Oui ! Absolument ! »** Si nous acceptons Jésus comme le Seigneur de notre vie, nous passerons l'éternité avec lui. Nos échecs constants pour ne jamais pécher ne seront pas retenus contre nous étant donné que Jésus a expié tous nos péchés. Dieu nous voit comme innocents, lavés par le sang de son Fils.

*« Gloire à Dieu, celui qui peut vous garder de toute chute et vous faire paraître devant sa gloire irréprochable et dans l'allégresse. »* – Jude vs. 24

## Lire la Bible

J'encourage chaque lecteur de ce livre à lire la Bible régulièrement. Vous devez savoir ce qu'elle enseigne. Vérifier consciencieusement tout ce qui vous est dit et, si ce n'est pas fondé sur la Bible, vous pouvez en conclure que ce qu'on vous a dit est une conception humaine qui peut être vraie ou non.

Quand vous lisez la Parole de Dieu, demandez-lui d'ouvrir votre esprit pour vous aider à comprendre. C'est *sa* Parole qu'il a transmise pour *vous,* il a donc un intérêt particulier à vous aider à la comprendre.

Il y a beaucoup de mérite à lire la Parole de Dieu.

> « *Toute Écriture est inspirée de Dieu, et utile pour enseigner, pour convaincre, pour corriger, pour instruire dans la justice, afin que l'homme de Dieu soit accompli et propre à toute bonne œuvre.* » - *2 Timothée 3:16*

Dans ces Écritures, on ne réfère pas à « l'homme de Dieu » comme étant un homme appartenant à la hiérarchie de l'Église. On réfère plutôt à *vous* et *moi*, hommes et femmes qui sommes fidèles à Jésus-Christ. Nous devons savoir ce que dit la Parole de Dieu afin de ne pas être dupés par des charlatans qui prétendent parler au nom de Dieu.

Nous devons savoir ce qu'il veut que nous fassions de nos vies. Il a établi des plans pour chacun de nous depuis que nous sommes nés, mais nous devons être sur la même longueur d'onde que Lui pour qu'Il nous les confie.

> « *Car nous sommes son ouvrage, ayant été créés en Jésus Christ pour de bonnes œuvres, que Dieu a préparées d'avance, afin que nous les pratiquions.* » – *Éphésiens 2:10*

# Chapitre 6

# L'Église Répondra à Un Dieu Béni

## Sa Juste Colère

Dieu est aimant, généreux, miséricordieux et indulgent… avec ceux qu'il considère innocents grâce à leur foi et leur confiance en ce que Jésus a fait pour eux sur la croix.

Nous ne devons cependant pas oublier qu'il est aussi un Dieu béni qui ne tolère pas la malice. Il ne tolère en particulier pas ceux qui se prétendent ses représentants tout en méprisant ses commandements ou aux pratiques immorales. Ils sont tenus de répondre à des critères plus rigoureux.

Vous trouverez ci-dessous, trois histoires tirées de la Bible illustrant la juste colère de Dieu envers le péché. Comme vous le verrez, son niveau de tolérance est très faible.

Dans Lévitique chapitre 10, Aaron est le grand prêtre. Ses fils, Nadab et Abihu sont aussi prêtres. Les fils ont pris des libertés quant à la manière dont ils servaient Dieu en ne suivant pas ses instructions spécifiques.

> *« Les fils d'Aaron, Nadab et Abihu, prirent chacun un brasier, y mirent du feu, et aspergèrent du parfum dessus ; ils apportèrent devant l'Éternel du feu étranger, ce qu'il ne leur avait point ordonné. Alors le feu sortit de devant l'Éternel, et les consuma : ils*

*moururent devant l'Éternel. Moïse dit à Aaron : C'est ce que l'Éternel a déclaré, lorsqu'il a dit : Je serai sanctifié par ceux qui s'approchent de moi, et je serai glorifié en présence de tout le peuple. Aaron garda le silence. Et Moïse appela Mischaël et Eltsaphan, fils d'Uziel, oncle d'Aaron, et il leur dit : Approchez-vous, emportez vos frères loin du sanctuaire, hors du camp. Ils s'approchèrent, et ils les emportèrent par leurs tuniques hors du camp, comme Moïse l'avait dit. Moïse dit à Aaron, à Eléazar et à Ithamar, fils d'Aaron : Vous ne découvrirez point vos têtes, et vous ne déchirerez point vos vêtements, de peur que vous ne mouriez, et que l'Éternel ne s'irrite contre toute l'assemblée. Laissez vos frères, toute la maison d'Israël, pleurer sur l'embrasement que l'Éternel a allumé. Vous ne sortirez point de l'entrée de la tente d'assignation, de peur que vous ne mouriez ; car l'huile de l'onction de l'Éternel est sur vous. Ils firent ce que Moïse avait dit. »* – Lévitique 10:1-7

Nous constatons ensuite l'intense colère de Dieu envers l'idolâtrie.

*« L'Éternel dit à Moïse: « Rassemble tous les chefs du peuple et fais pendre les coupables devant l'Éternel face du soleil, afin que la colère ardente de l'Éternel se détourne d'Israël. » Moïse dit aux juges d'Israël : « Que chacun de vous tue ceux des siens qui se sont attachés à Baal-Peor. » Un Israélite vint amener une Madianite*

*vers ses frères, sous les yeux de Moïse et de toute l'assemblée des Israélites, alors qu'ils étaient en train de pleurer à l'entrée de la tente de la rencontre. A cette vue, Phinées, fils d'Eléazar et petit-fils du prêtre Aaron, se leva au milieu de l'assemblée et prit une lance dans sa main. Il suivit l'homme d'Israël dans sa tente et il les transperça tous les deux, l'homme d'Israël puis la femme, dans le bas-ventre. Le fléau s'arrêta alors parmi les Israélites. <u>Il y eut 24'000 morts</u> suite à ce fléau. L'Éternel dit à Moïse : « Phinées, fils d'Eléazar et petit-fils du prêtre Aaron, a détourné ma fureur des Israélites, parce qu'il a été animé de mon zèle au milieu d'eux. Ainsi je n'ai pas, dans ma colère, détruit les Israélites. C'est pourquoi tu diras que je conclus une alliance de paix avec lui. Cette alliance, conclue avec lui et avec sa descendance après lui, lui assure pour toujours la fonction de prêtre, parce qu'il a été zélé pour son Dieu et qu'il a fait l'expiation pour les Israélites. » – Nombres 25:4-13*

Enfin, le Roi David a largement mis Dieu en colère en faisant le recensement de tous les hommes d'Israël capables de porter une épée. David a voulu s'assurer de l'appui de la force des hommes plutôt que de se tourner vers le Seigneur qui avait toujours été son pourvoyeur. Quand il a réalisé qu'il avait fait une chose insensée, il a confessé son péché et a demandé à Dieu de le pardonner.

*« Cet ordre déplut à Dieu, qui frappa Israël. David dit à Dieu : « J'ai commis un grand péché en agissant*

*comme je l'ai fait ! Maintenant, veuille pardonner la faute de ton serviteur, car je me suis vraiment comporté de façon stupide. » L'Éternel adressa la parole à Gad, qui était le voyant de David : « Va annoncer à David : 'Voici ce que dit l'Éternel : Je te propose trois fléaux. Choisis-en un et c'est de lui que je te frapperai.'» Gad alla trouver David et lui annonça : « Voici ce que dit l'Éternel : 'Tu dois accepter [12] trois années de famine, trois mois pendant lesquels tu seras détruit par tes adversaires et atteint par l'épée de tes ennemis ou trois jours pendant lesquels l'épée de l'Éternel et la peste seront dans le pays et l'ange de l'Éternel portera la destruction dans tout le territoire d'Israël.' Vois maintenant ce que je dois répondre à celui qui m'envoie. » David répondit à Gad: « Je suis dans une grande angoisse ! Il vaut mieux tomber entre les mains de l'Éternel, car ses compassions sont grandes. Je préfère ne pas tomber entre les mains des hommes. » L'Éternel envoya la peste en Israël et 70'000 hommes furent tués en Israël. Dieu envoya un ange à Jérusalem pour y semer la dévastation ; il était en train de le faire lorsque l'Éternel regarda, et il éprouva des regrets face à ce malheur. Il dit à l'ange destructeur : « Cela suffit ! Retire maintenant ta main ! ». – 1 Chroniques 21: 7-15*

## Dieu Somme-t-il son Peuple de Quitter l'Église Catholique?

Plutôt que de guider les gens vers une relation avec le Dieu vivant, l'Église catholique romaine a poussé des milliards d'âmes dans une relation avec une institution avide et corrompue qui les a trompées avec des doctrines créées par l'homme ou non-fondées sur des écrits.

Le Livre des Révélations contient beaucoup de figures de style difficiles à comprendre. Néanmoins, je crois que quand les indices donnés dans le chapitre 7 de ce livre seront réunis, il ne fera pas de doute que la Grande Prostituée mentionnée est l'Église catholique romaine. Mais vous devrez vous faire votre propre idée à ce sujet.

> *« Puis j'entendis une autre voix venant du ciel qui disait : « Sortez du milieu d'elle, mon peuple, afin de ne pas vous associer à ses péchés et de ne pas être victimes de ses fléaux. En effet, ses péchés se sont accumulés jusqu'au ciel et Dieu s'est souvenu de ses crimes. » –*
> *Apocalypse 18:4-5*

Beaucoup d'hommes et de femmes craignent et aiment Dieu au sein de l'Église catholique. Ils ont cherché Dieu dans la Bible et l'ont trouvé. Ils ont établi une relation personnelle avec leur créateur et rédempteur. Ils ont reconnu beaucoup des échecs de l'Église, mais n'ont peut-être jamais sérieusement envisagé de la quitter. Certains ont même essayé de la réformer de l'intérieur, obtenant un succès très limité.

# Chapitre 7

# Indices sur la Prophétie de la Fin des Temps

Dans sa sagesse, Dieu a choisi de nous donner des indices sur l'identité de la Grande Prostituée décrite dans les chapitres 17 et 18 de l'Apocalypse. C'est à nous de réunir ces indices pour trouver vers qui ils pointent. Voici un rapide résumé de ces indices.

1. Elle règne sur une ville avec sept collines connues sous le nom de Babylone
2. Elle règne sur une foule de gens de toutes les nations et toutes les langues
3. Les rois de la terre ont commis l'adultère avec elle
4. Le sang du peuple de Dieu est sur ses mains
5. Ses extravagances ont enrichi les marchands du monde
6. La musique et les voix enjouées des mariés ne résonneront plus jamais en elle.

## Elle Règne sur une Ville avec Sept Collines

*« C'est ici qu'il faut une intelligence éclairée par la sagesse. Les sept têtes sont sept montagnes sur lesquelles la femme est assise. Elles représentent aussi sept rois. » – Apocalypse 17:9*

La Ville de Rome a toujours été connue sous le nom de la Ville des Sept Collines. De fait, des notes de bas de pages de l'Apocalypse dans la *New American Bible* et dans la Bible de Jérusalem, *qui sont toutes deux des traductions catholiques,* stipulent que les sept collines sont les Sept Collines de Rome.

Le Vatican est un état souverain niché au cœur de Rome, la capitale de l'Italie.

On trouve au sein du Vatican la Basilique Saint-Pierre, la plus grande église au monde, la Chapelle Sixtine, le Musée du Vatican, le Palais Apostolique où réside le Pape, le Palais du Gouvernorat et la Bibliothèque du Vatican, entre d'autres édifices. Le Vatican est sous l'autorité absolue du pape de l'Église catholique romaine.

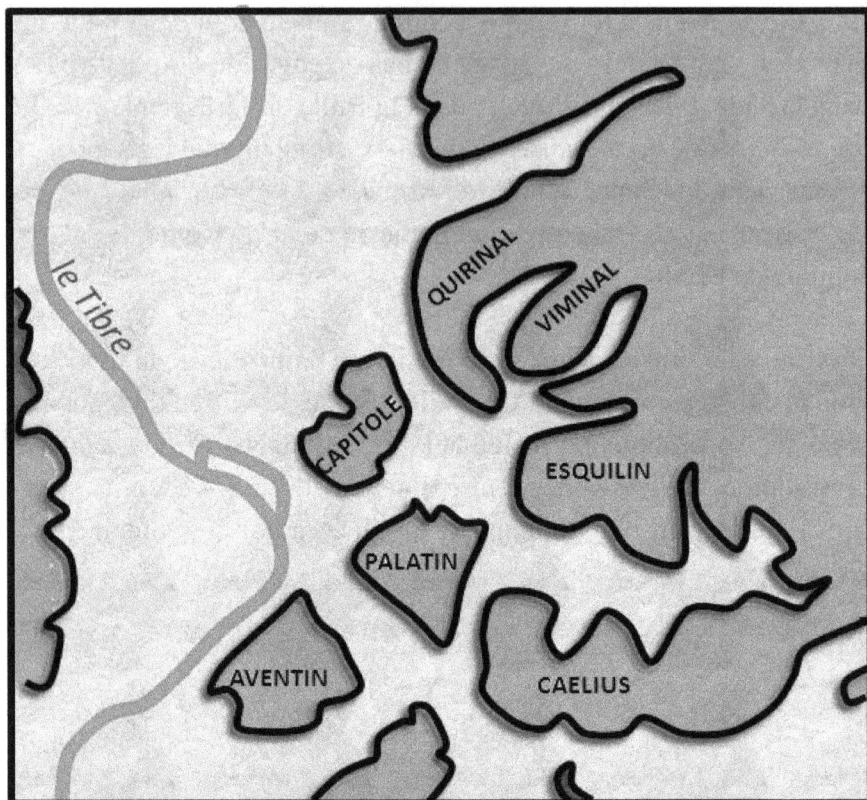

Les sept collines de Rome

À l'époque de la parution du livre de l'Apocalypse, les premiers chrétiens étaient persécutés par Rome, historiquement connue comme « La Ville des Sept Collines ».

L'Encyclopédie catholique cite :
*« C'est au sein de la ville de Rome, appelée la ville des sept collines, que l'entièreté de l'état du Vatican est maintenant confinée. »*

## Elle Règne sur une Foule d'Individus de Toutes les Nations et de Toutes les Langues

*« Puis il me dit: « Les eaux que tu as vues, sur lesquelles la prostituée est assise, ce sont des peuples, des foules, des nations et des langues. » – Apocalypse 17:15*

Les membres de l'Église catholique sont estimés à plus de 1,2 milliards d'individus dans le monde…approximativement un sixième de la population mondiale.

Si vous avez accès à un ordinateur, vous pouvez peut-être rechercher une ou plusieurs des églises suivantes:

L'Église catholique romaine d'Algérie
L'Église catholique romaine d'Albanie
L'Église catholique romaine d'Andorre
L'Église catholique romaine d'Angola
L'Église catholique romaine d'Argentine
L'Église catholique romaine d'Arménie
L'Église catholique romaine d'Australie
L'Église catholique romaine d'Autriche
L'Église catholique romaine du Bangladesh
L'Église catholique romaine du Brunei
L'Église catholique romaine des Bahamas
L'Église catholique romaine de Biélorussie
L'Église catholique romaine de la Belgique
L'Église catholique romaine du Belize
L'Église catholique romaine de la Bolivie
L'Église catholique romaine de la Bosnie-Herzégovine
L'Église catholique romaine du Brésil
L'Église catholique romaine de la Bulgarie
L'Église catholique romaine de Birmanie
L'Église catholique romaine du Canada
L'Église catholique romaine du Chili
L'Église catholique romaine de la Chine
L'Église catholique romaine de la Colombie
L'Église catholique romaine du Costa Rica
L'Église catholique romaine de la Croatie
L'Église catholique romaine de Cuba
L'Église catholique romaine de la République Tchèque
L'Église catholique romaine de la Côte d'Ivoire
L'Église catholique romaine du Danemark
L'Église catholique romaine de la Dominique
L'Église catholique romaine de la République Dominicaine
L'Église catholique romaine de l'Équateur
L'Église catholique romaine d'Égypte
L'Église catholique romaine du Salvador
L'Église catholique romaine de la Guinée Équatoriale
L'Église catholique romaine d'Estonie
L'Église catholique romaine d'Éthiopie

L'Église catholique romaine des Îles Fidji
L'Église catholique romaine de Finlande
L'Église catholique romaine de France
L'Église catholique romaine de Guinée Française
L'Église catholique romaine du Ghana
L'Église catholique romaine du Guatemala
L'Église catholique romaine de La Gambie
L'Église catholique romaine d'Allemagne
L'Église catholique romaine de la Guyane
L'Église catholique romaine d'Haïti
L'Église catholique romaine du Honduras
L'Église catholique romaine de Hong Kong
L'Église catholique romaine de Hongrie
L'Église catholique romaine d'Islande
L'Église catholique romaine d'Inde
L'Église catholique romaine d'Indonésie
L'Église catholique romaine d'Iraq
L'Église catholique romaine d'Irlande
L'Église catholique romaine d'Israël
L'Église catholique romaine d'Italie
L'Église catholique romaine de la Jamaïque
L'Église catholique romaine du Japon
L'Église catholique romaine du Kenya
L'Église catholique romaine de Corée
L'Église catholique romaine du Liban
L'Église catholique romaine de la Lettonie
L'Église catholique romaine de la Lituanie
L'Église catholique romaine du Luxembourg
L'Église catholique romaine de l'Île Maurice
L'Église catholique romaine de Macao
L'Église catholique romaine de Madagascar
L'Église catholique romaine de la Malaisie
L'Église catholique romaine du Mexique
L'Église catholique romaine de la Namibie
L'Église catholique romaine de la Corée du Nord
L'Église catholique romaine des Pays-Bas
L'Église catholique romaine des Antilles néerlandaises
L'Église catholique romaine de Nouvelle Zélande
L'Église catholique romaine du Nicaragua
L'Église catholique romaine du Nigéria

*Induit en erreur – Dieu somme-t'il son peuple d'abandonner l'Église catholique romaine?*

L'Église catholique romaine de la Norvège
L'Église catholique romaine de la Papouasie-Nouvelle-Guinée
L'Église catholique romaine du Pakistan
L'Église catholique romaine de Palau
L'Église catholique romaine du Panama
L'Église catholique romaine du Paraguay
L'Église catholique romaine du Pérou
L'Église catholique romaine des Philippines
L'Église catholique romaine de Pologne
L'Église catholique romaine du Portugal
L'Église catholique romaine de Porto Rico
L'Église catholique romaine de Russie
L'Église catholique romaine d'Afrique du Sud
L'Église catholique romaine du Sri Lanka
L'Église catholique romaine des Îles Salomon
L'Église catholique romaine de la Corée du Sud
L'Église catholique romaine de Sainte-Lucie
L'Église catholique romaine d'Écosse
L'Église catholique romaine de Serbie
L'Église catholique romaine du Sierra Leone
L'Église catholique romaine de Singapour
L'Église catholique romaine de la Slovénie
L'Église catholique romaine d'Espagne
L'Église catholique romaine de Suède
L'Église catholique romaine de São Tomé et Príncipe
L'Église catholique romaine de Taïwan
L'Église catholique romaine de Thaïlande
L'Église catholique romaine de Tonga
L'Église catholique romaine de Trinidad et Tobago
L'Église catholique romaine d'Ouganda
L'Église catholique romaine du Royaume-Uni
L'Église catholique romaine des États-Unis
L'Église catholique romaine d'Uruguay
L'Église catholique romaine de Vanuatu
L'Église catholique romaine du Venezuela
L'Église catholique romaine du Vietnam
L'Église catholique romaine du Yémen
L'Église catholique romaine de la Zambie
L'Église catholique romaine du Zimbabwe

## La Femme est une Cité

*« Et la femme que tu as vue, c'est la grande ville qui exerce la royauté sur les rois de la terre. » – Apocalypse 17:18*

## Les Rois du Monde ont commis l'Adultère avec Elle

*« En effet, toutes les nations ont bu du vin de la fureur de sa prostitution, les rois de la terre se sont livrés avec elle à l'immoralité et les marchands de la terre se sont enrichis grâce à la démesure de son luxe. » – Apocalypse 18:3*

L'Église catholique romaine a toujours été préoccupée par l'argent et le pouvoir. Ses papes ont orchestré de relations immorales mais économiquement prospères avec plusieurs rois et dirigeants de ce monde.

107

Une longue lignée de papes a déclaré sa suprématie sur l'entièreté du monde chrétien et demandé son obéissance et qu'il paie des taxes pour l'Église.

Dans ce livre, *A Woman Rides the Beast* © 1994, le chercheur de prophéties Dave Hunts souligne que la Bible parle clairement de l'adultère spirituel et non de l'adultère physique.

*« On réfère dans la Bible à la fornication et l'adultère au niveau physique comme spirituel. À propos de Jérusalem, Dieu a dit, « Comment la ville fidèle est-elle devenue une prostituée ! » (Isaïe 1:21). Le peuple d'Israël, que Dieu avait consacré entre les autres pour qu'il soit utilisé par Lui pour ses desseins, avait basculé dans des unions adultères impies avec des nations pratiquant l'idolâtrie. Il est impossible que cette ville puisse littéralement forniquer charnellement. Ainsi, nous pouvons en conclure que Jean, comme les prophètes de l'Ancien Testament, utilise ce terme au sens spirituel. La ville doit donc avoir une relation spirituelle avec Dieu. Sinon, ces allégations seraient vides de sens. »*

Dave Hunt nous expose ensuite les liaisons politiques de l'Église catholique partout dans le monde :
*« Le Pape Alexandre VI (1492-1503) a revendiqué que toutes les terres pas encore découvertes appartenaient au Pontife Romain et qu'il pouvait en disposer selon son bon plaisir au nom du Christ en tant que son vicaire. Le Roi Jean II du Portugal était convaincu que, dans sa bulle pontificale Romanus Pontifex, le pape lui avait exclusivement accordé toutes les découvertes de Colomb, ainsi qu'à son pays. Ferdinand et Isabelle d'Espagne pensaient néanmoins que le pape leurs avait donné les mêmes terres. En mai*

*1493, le pape d'origine espagnole Alexandre VI émis trois bulles pontificales pour régler le différend.*

*Au nom du Christ, qui n'a jamais considéré aucun endroit sur cette terre comme chez Lui, ce pape Borgia incroyablement démoniaque, prétendant posséder le monde entier, a tracé une ligne allant du nord au sud sur la carte du monde de cette époque, donnant de ce fait tout ce qui se trouvait à l'est au Portugal et l'ouest à l'Espagne. Ainsi, avec cette autorisation pontificale, « par la grâce du pouvoir apostolique », l'Afrique fut accordée au Portugal, tandis que les Américains allèrent à l'Espagne. Quand le Portugal « a réussi à atteindre l'Inde et la Malaisie, il a confirmé ces découvertes avec la Papauté... » Il y avait bien entendu une condition: « avoir l'intention de convertir ses habitants à la foi catholique. » C'est en majorité en Amérique Centrale et en Amérique du Sud que, à cause de cette alliance impie entre l'église et l'état, les habitants se sont vus imposer par la force le catholicisme romain ; ils sont à ce jour toujours catholiques. L'Amérique du Nord (exception faite du Québec et de la Louisiane) fut épargnée par cette dominance du catholicisme romain puisqu'elle fut largement colonisée par des Protestants.*

*Les descendants des Aztèques, des Incas et des Mayas n'ont pas non plus oublié que les prêtres catholiques romains, appuyés par un régime de terreur, ont donné le choix à leurs ancêtres de se convertir (ce qui revenait souvent à l'esclavage) ou de mourir. Ils ont fait un tel tollé lorsque le Pape Jean-Paul II, lors d'une récente visite en Amérique Latine, a proposé d'élever Junipero Serra (un important exécuteur du catholicisme aux Amérindiens du 18ème siècle) au rang de saint, que le pape a été obligé de tenir la cérémonie en secret. »*

Une armée de 200 gardes du Vatican

## La Cité des Sept Collines est aussi connue comme la Grande Babylone

*« Ils se tiendront à distance, par crainte de son tourment, et ils diront : « Malheur ! Malheur ! La grande ville, Babylone, la ville puissante ! En une seule heure ton jugement est venu ! » – Apocalypse 18:10*

À l'époque de l'écriture de l'Apocalypse, Rome était aussi connue sous le nom de « Babylone ». Saint-Pierre, dans la première de trois lettres, écrit :

*« L'Église des élus qui est à Babylone vous salue, ainsi que Marc, mon fils. » – 1 Pierre 5:13*

Il est largement pensé que Pierre écrivait depuis Rome.

La Place Saint-Pierre au Vatican

Même l'apologiste catholique Karl Keating, dans son livre *Catholicism and Fundamentalism : The Attack on "Romanism"*, admet que Rome a longtemps été connue comme Babylone. Il écrit :

*« Babylone est un nom de code pour Rome. Il est utilisé ainsi 6 fois dans le dernier livre de la Bible ; quatre des six fois se trouvent dans les chapitres 17 et 18… » Aussi, Eusebius Pamphilius, écrivant à propos de 303, mentionna que « on croit que la première épître de Pierre…fut composé à Rome même ; et qu'il le dit lui-même en référant à la cité de manière figurative comme Babylone. »*

Cela ne peut pas être une référence à l'ancienne Babylone puisque cette dernière n'était pas fondée sur sept collines.

Il existe plusieurs études historiques qui supportent l'identification de Rome comme étant « la Grande Babylone » – cf. Bauckham (1993) ; Collins (1980) ; Friesen (1993); Giesen (1996) ; Kraybill (1996) ; Biguzzi (1998).

## Le Sang du Peuple de Dieu est sur Ses Mains

*« Payez-la comme elle a payé et donnez-lui le double salaire de ses actes. Dans la coupe où elle a versé, versez-lui le double. »* - Apocalypse 18:6

*« Et l'on a trouvé chez elle le sang des prophètes, des saints, et de tous ceux qui ont été égorgés sur la terre. »* – Apocalypse 18:24

Plusieurs inquisitions ont été menées par l'Église catholique. Elles peuvent donc être collectivement appelées « l'Inquisition ». Nous aborderons brièvement les trois plus importantes. La première fut l'Inquisition Médiévale qui débuta dans le sud de la France en 1184 et ne prit fin officiellement que dans les années 1960. Plus tard vînt l'Inquisition Espagnole qui débuta en 1478 et se termina en 1834. Il y eu ensuite l'Inquisition Romaine qui commença en 1542 et qui se poursuivit jusqu'au milieu des années 1800. Les différentes inquisitions se sont étendues sur plus d'un millénaire.

Les Inquisitions étaient en fait des tribunaux judiciaires formés majoritairement par des membres du clergé de l'Église catholique romaine. Ils étaient chargés de trouver, juger et de condamner des gens que l'Église jugeait coupables d'hérésie.

Le but des inquisitions était de s'assurer de conserver l'unité religieuse et doctrinale au sein de l'Église catholique romaine et à travers le Saint Empire Romain par le biais de la conversion, de la torture ou de l'exécution des présumés hérétiques.

Au cours de ces Inquisitions, un grand nombre d'individus furent torturées et/ou assassinés par l'Église catholique. Certains de ceux que l'on désignait comme des « hérétiques » étaient des femmes que l'on accusait d'être des sorcières, des musulmans, des Chevaliers de l'Ordre du Temple, des détracteurs de l'Église et beaucoup de non-catholiques chrétiens qui refusaient de renier leur foi en se fiant uniquement à Jésus-Christ pour assurer leur salut en ne prêtant pas allégeance à l'Église catholique. Ces derniers ne voulaient pas reconnaitre leurs charges ni confesser ce en quoi ils ne croyaient pas.

On ne saura jamais combien de personnes sont mortes pour leurs croyances aux mains de l'Église catholique…brûlées sur le bûcher, torturées à mort, ou simplement mortes de faim ou de maladies au fond de cachots noirs et glauques. Que ce soit des centaines de milliers, ou encore des dizaines de millions comme beaucoup le présument, il est raisonnable d'affirmer que l'Église catholique a utilisé tout son pouvoir et sa richesse pour engager les personnes les plus talentueuses pour réécrire l'histoire et nettoyer minutieusement les archives.

Peu importe le nombre de personnes qui furent tuées, encore plus furent torturées jusqu'à la soumission. Dieu en fut témoin et n'oublie pas!

La Santa Rota Romana, le tribunal judiciaire de l'Église catholique

**L'Inquisition Médiévale** fut due en grande partie à la corruption morale du clergé de l'Église catholique. Des sectes se sont dressées contre l'acceptation de pots-de-vin par l'Église pour approuver des mariages normalement illégaux, et contre

l'extrême richesse du clergé, entre autres choses. Le but premier de l'Inquisition était d'éradiquer les sectes. Certains inquisiteurs se sont enrichis en confisquant des propriétés « d'hérétiques », et d'autres encore avec la vente d'absolutions. En 1252, le Pape Innocent IV émit une bulle papale autorisant l'utilisation de la torture par les inquisiteurs.

La brutale **Inquisition Espagnole** ciblait principalement les Juifs qui s'étaient déclarés comme catholiques, mais qui refusaient de délaisser certaines pratiques religieuses juives. Ils étaient connus sous le nom de « crypto-juifs ».

**L'Inquisition Romaine** fut responsable de la poursuite d'individus accusés d'un vaste éventail de crimes reliés à l'hérésie, à la sorcellerie, à l'immoralité, au blasphème et à la magie. Tout comme avec l'Inquisition Espagnole, les crypto-juifs en constituèrent encore une cible de choix.

Une femme brûlée sur un bûcher

## Ses Extravagances ont enrichi les Marchands de ce Monde

*« Cette femme était vêtue de pourpre et d'écarlate, et parée d'or, de pierres précieuses et de perles. Elle tenait dans sa main une coupe d'or... » - Apocalypse 17:4*

*« Les marchands de la terre se sont enrichis par la puissance de son luxe ». - Apocalypse 18:3*

*"« Et les marchands de la terre pleurent et sont dans le deuil à cause d'elle, parce que personne n'achète plus leurs marchandises, [12] cargaison d'or, d'argent, de pierres précieuses, de perles, de fin lin, de pourpre, de soie, d'écarlate, de toute espèce de bois de senteur, de toute espèce d'objets d'ivoire, de toute espèce d'objets en bois très précieux, en airain, en fer et en marbre, [13] de cannelle[a], d'aromates, de parfums, de myrrhe, d'encens, de vin, d'huile, de fine farine, de blé, de bœufs, de brebis, de chevaux, de chars, de corps et d'âmes d'hommes. » - Apocalypse 18:11-13*

Ci-dessous quelques passages de *The Vatican Billions* par Avro Manhattan, publié en 1983 (italique) :

*« La réserve d'or du Vatican a été estimée par le United Nations World Magazine à plusieurs milliards de dollars. Une grande quantité est stockée sous forme de lingots d'or dans la Banque de Réserve Fédérale des États-Unis alors que des banques en Angleterre et en Suisse veillent sur le reste. Mais ceci n'est qu'une petite partie de la richesse du Vatican qui, aux États-Unis*

*seulement, est plus importante que celles des cinq plus grandes entreprises du pays. Ajoutez à cela les biens fonciers, les propriétés, les actions et les parts outre-mer, la richesse de l'Église catholique devient si imposante qu'elle défie l'entendement. »*

*« L'Église catholique est le plus grand magnat financier, accumulateur de richesses et propriétaire foncier qui soit. Elle possède plus de richesses matérielles que n'importe qu'elle entreprise, banque, fiducie, gouvernement ou état sur la planète. »*

Il n'existe aucun moyen sûr pour évaluer la situation financière réelle de l'Église catholique romaine. Ses finances sont incroyablement complexes et s'étendent dans plusieurs pays. Il existe plus de comptes bancaires que quiconque puisse imaginer. La valeur de ses biens immobiliers à travers le monde, incluant les cathédrales, les basiliques et les églises dépasse l'entendement. On compte plus de 3 200 cathédrales et 2 200 basiliques plus toutes les églises de paroisses et couvents.

Si vous avez eu l'opportunité de visiter quelques-unes des magnifiques cathédrales catholiques dans le monde, vous avez probablement été impressionnés par leur splendeur et leur opulence, les superbes marbres importés, les tapisseries et les onéreuses parures en or. Le Vatican possède une vaste collection d'inestimables œuvres d'art, de sculptures et de joyaux.

Rituels, fastes et habits cléricaux coûteux

**Examinez la description du couronnement du Pape Grégoire IX (1227-1241) suivante :**

*« Le jour de son couronnement, il se rendit à la Basilique Saint-Pierre accompagné de plusieurs pontifes et a dirigé le pallium selon la tradition ; après avoir dit la messe, il marcha jusqu'au palais du Latran, couvert d'or et de joyaux. Le lundi, après avoir dit la messe à la Basilique Saint-Pierre, il y retourna portant deux couronnes, monté sur un cheval richement harnaché, entouré de Cardinaux vêtus de pourpre et de nombreux membres du clergé. Les rues avaient été recouvertes de tapisseries incrustées d'or et d'argent, des produits les plus nobles d'Égypte et des plus vibrantes couleurs de l'Inde, et parfumées avec différentes odeurs aromatiques. » (George Waddington, A History of the Church from the Earliest Ages to the Reformation, 1834, p. 335).*

# La Musique et les Voix Enjouées des Mariés se Tairont à Jamais

*« Et l'on n'entendra plus chez toi les sons des joueurs de harpe, des musiciens, des joueurs de flûte et des joueurs de trompette. On ne trouvera plus chez toi aucun artisan d'un métier quelconque, on n'entendra plus chez toi le bruit de la meule ; la lumière de la lampe ne brillera plus chez toi, et la voix de l'époux et de l'épouse ne sera plus entendue chez toi ; car tes marchands étaient les grands de la terre, toutes les nations ont été séduites par tes enchantements. »* – *Apocalypse 18:22-23*

# Chapitre 8

# Dieu A Ordonné sa Destruction

## Un Évènement Soudain et Violent

La Grande Prostituée sera détruite pour avoir mené des âmes à la perdition, pour avoir tué les saints de Dieu et avoir souillé son Nom Béni !

> *« Donnez-lui autant de tourment et de deuil qu'elle a fait la fière et s'est plongée dans le luxe. Parce qu'elle dit dans son cœur : 'Je siège en reine, je ne suis pas veuve et jamais je ne verrai le deuil', à cause de cela, en un seul jour, les fléaux qui lui sont réservés s'abattront sur elle : la mort, le deuil, la famine, et elle sera réduite en cendres. En effet, il est puissant, le Seigneur Dieu qui l'a jugée. » – Apocalypse 18:7-8*

La Bible évoque un ou plusieurs évènements soudains et violents qui détruiront la Grande Prostituée. Ceci pourrait signifier la destruction du Vatican ou de l'entièreté de la Ville de Rome avec pour conséquence la fin du catholicisme. Cela pourrait en revanche signifier quelque chose de plus cataclysmique. Aussi inquiétant que le sort que réserve Dieu à l'Église soit, il veut que son peuple la quitte afin qu'il ne partage pas son châtiment. Je ne sais pas ce que cela veut dire, mais je le prendrais très au sérieux !

> *"Les dix cornes que tu as vues et la bête détesteront la prostituée ; elles la dépouilleront et la mettront à nu,*

*elles mangeront sa chair et la détruiront par le feu. En effet, Dieu leur a mis à cœur de réaliser son propre projet en ayant la même pensée et en donnant leur royauté à la bête jusqu'à ce que les paroles de Dieu soient accomplies. »* – Apocalypse 17:16-17

*« Tous les rois de la terre qui se sont livrés avec elle à la prostitution et au luxe pleureront et se lamenteront à cause d'elle, quand ils verront la fumée de la ville incendiée. Ils se tiendront à distance, par crainte de son tourment. »* - Apocalypse 18:9-10

*« Les marchands de ces produits, qui se sont enrichis en commerçant avec elle, se tiendront à distance, par crainte de son tourment. Ils pleureront et seront dans le deuil;* [16] *ils diront : « Malheur ! Malheur ! La grande ville qui était habillée de fin lin, de pourpre et d'écarlate, et parée d'or, de pierres précieuses et de perles ! En une seule heure tant de richesses ont été détruites ! »* – Apocalypse 18:15-17

*« Tous les capitaines, tous ceux qui naviguent, les marins et tous ceux qui vivent de la mer se tenaient à distance et ils s'écriaient, en voyant la fumée de l'incendie : « Quelle ville pouvait se comparer à la grande ville ? » Ils se jetaient de la poussière sur la tête et ils criaient, dans les pleurs et le deuil : « Malheur ! Malheur ! La grande ville dont la prospérité a enrichi tous ceux qui possèdent des bateaux sur la mer, en une seule heure elle a été dévastée ! »* - Apocalypse 18:17-19

*« Ciel, réjouis-toi à cause d'elle ! Et vous, les saints, les apôtres et les prophètes, réjouissez-vous aussi, car Dieu vous a fait justice en la jugeant. » – Apocalypse 18:20*

*« Alors, un ange puissant prit une pierre qui ressemblait à une grande meule et il la jeta dans la mer en disant : « C'est avec la même violence que Babylone, la grande ville, sera jetée à bas, et on ne la retrouvera plus. » - Apocalypse 18:21*

Une vue aérienne du Vatican, le plus petit pays du monde

La Bible dit que les gens se tiendront bouche bée devant ses ruines fumantes, possiblement de la même manière que nous nous sommes tenus bouche bée en regardant les tours jumelles s'effondrer le 11 septembre 2011

## Une Célébration au Paradis

*« Après cela, j'entendis dans le ciel comme la voix forte d'une foule immense qui disait : « Alléluia ! Le salut, la gloire et la puissance sont à notre Dieu. Oui, ses jugements sont vrais et justes, car il a jugé la grande prostituée qui corrompait la terre par son immoralité et il a vengé ses serviteurs en lui redemandant leur sang, qu'elle avait versé. » Ils dirent une seconde fois : « Alléluia ! Et la fumée de cette ville s'élève aux siècles des siècles. »* – Apocalypse 19:1-3

Que Dieu vous bénisse alors que vous enrichissez vos connaissances à Son égard et ce pourquoi il vous a créé. Dieu nous enseigne que si nous le cherchons avec tout notre cœur, nous le trouverons… tout comme la paix, la joie et la vie éternelle qui l'accompagnent. Si vous êtes intéressé par vous joindre à un groupe d'étude de la Bible, j'ai entendu beaucoup de bonnes choses à propos du Bible Study Fellowship, aussi connu comme BSF. Pour en savoir plus sur des classes dans votre région, visitez le www.bsfinternational.org – Ken March

www.ingramcontent.com/pod-product-compliance
Lightning Source LLC
Chambersburg PA
CBHW061741020426
42331CB00006B/1316